20대 의사 달물결의
미국 주식
투자

시간 · 돈 · 꿈을
잃지 않는 투자법

20대 의사 달물결의
미국 주식
투자

문성민 지음

한국경제신문

스물아홉,
의사의 길에서 투자를 찾다

만 29세, 지금까지 참 열심히 살아왔다. 치열한 입시를 거쳐 의대에 합격했을 때의 기쁨은 아직도 잊히지가 않는다. 밥 먹는 시간도 아까워 빠르게 식사를 해치우고 수학 문제를 풀던 점심시간, 복도를 쓸면서도 영어 단어를 외우던 청소시간, 단 하루도 거르지 않았던 야간 자율학습 시간……. 도서관에서 공부를 마치고 돌아오는 새벽, 아스팔트길 한복판에서 방향을 잃고 헤매는 지렁이가 마치 나처럼 느껴져서 흙으로 옮겨주었던 기억이 난다.

의사가 되고 싶었던 이유는, 내가 좋아하는 과학을 통해 세상을 이롭게 하면서 돈을 벌 수 있기 때문이었다. 나는 과학 공부를 하는 것이 재밌었다. 주변 사람들과 잘 지내는 것도 즐거웠다. 그리고 의학은 내 주변 사람들의 삶을 더 풍요롭게 하는 데도 도움이 될 것 같았다. 내 인생의 목표는 과학과 관련된 일을 하면서 내 소중한 사람들과 함께 행복하게 잘사는 것이었다.

그렇게 의대에 입학했다. 의대 과정은 호락호락하지 않았다. 본과 생활도 참 힘들었다. 그래도 의학은 재미있었다. 내 삶과 밀접하게 연관이 있었기에 더 흥미로웠고 나의 호기심을 자극했다. 해부학 공부를 하면서 내가 움직일 때 어떤 근육이 사용되는지 아는 것이 즐거웠다. 혈관들이 어떻게 심장에서 나와 여러 갈래로 나뉘어 피를 공급하는지 아는 것도 즐거웠다. 면역학 공부를 하면서 내가 상처가 났을 때, 혹은 감기에 걸렸을 때 내 몸속에서 어떤 일들이 일어나는지 공부하는 것은 참 즐거운 일이었다.

하지만 여러 선배들을 만나고 병원 실습을 돌면서, 그리고 실제로 병원에서 근무해보면서 의사라는 직업의 한계에 대해 조금씩 느끼게 된 것 같다. 주변의 수많은 의사를 보았으나 행복해 보이는 이들은 적었다. 전반적으로 여유가 없어 보였다. 내가 근무했던 대학병원의 한 교수님은 10년간 단 한 번도 휴가를 가지 못했다고 한다. 주말과 공휴일에도 병원에서 환자들 상태를 확인해야 하기 때문이다. 대학병원뿐 아니라 개원한 선배들 또한 너무나도 바빠 보였다. 야간진료는 물론이고 주말에도 진료를 하고, 진료를 쉬는 날에는 학회를 다니거나 최신 치료 가이드라인을 공부하는 등 정신없이 바빴다.

수험생 시절, 의대에 합격하면 모든 일이 다 풀릴 것 같았던 내게, 다시 고민이 생겼다. 과연 어떻게 해야 의업을 이어나가면서 주변 사람들과 함께 보낼 시간도 챙길 수 있을까? 몇 년 정도는 아주 바쁜 시기가 있을 수 있어도 30대, 40대의 거의 대부분을 그렇게 바쁘게 보내기는 싫었다. 또 나는 독립적으로 내 사업을 꾸리고 싶은 욕구가 강했기 때문에 항상 개원을 생각했다. 하지만 개원가는 병원 간 경쟁이 점점 심해지고 있었다. 인건비, 대출이자, 의료기기 리스 비용 등 고정비용을 감당하기 위해서는 야간진료를 하거나 일요일에도 병원을 여는 식으로 경쟁에서 살아남기 위해 노력해야 했다.

이런 상황에서 어떻게 하면 경제적으로 자유로워질 수 있을지 많은 고민을 했다. 우선 동네 도서관에서 재테크에 관한 책을 빌려 봤다. 그중에는 통장 쪼개기나 절약법을 담은 책들도 있었고, 엠제이 드마코의 《부의 추월차선》이나 로버트 기요사키의 《부자 아빠 가난한 아빠》처럼 돈을 버는 구조에 대한 책들도 있었다. 이 과정에서 큰 충격을 받았던 기억이 난다. 막연히 '열심히 공부해서 뛰어난 의사가 되면 돈이나 시간적 여유는 자연스레 따라오겠지'라고 생각했던 내가 우물 안 개구리였음을 깨달았기 때문이다.

의사가 힘들다고 말하는 까닭은

언뜻 보면 의사만큼 좋은 직업도 없다. 의사 면허를 취득하고 체감했던 여러 장점이 있는데, 안정성과 자율성이 매우 큰 장점이다. 일할 지역을 내가 선택할 수 있고, 일단 기술을 갖추면 그 이후엔 어느 정도 공백기를 가져도 크게 부담이 없다. 근무 형태도 내가 정할 수 있다. 봉직 의사로 병원 직원으로서 일할 수도 있고, 개원을 해서 사업을 해볼 수도 있다. 연구직으로 가기도 하고, 과에 따라서는 프리랜서처럼 일할 수도 있다.

그럼에도 불구하고 나는 왜 의사가 힘들다고 우는소리를 하는 것일까?

첫째, 의사 역시 노동하는 시간만큼 돈을 번다. 봉직의는 주당 근로시간을 기준으로 근로계약을 맺고, 개원의는 환자 1명을 볼 때마다 매출이 나온다. 즉 의사는 환자 1명을 볼 때마다 돈을 버는 기술직이기 때문에 돈을 많이 벌고자 한다면 그만큼 시간을 내줄 수밖에 없다.

둘째, 인구 구조의 문제다. 우리나라는 국가가 의료행위 가격을 통제한다. 국민은 국민건강보험에 꼭 가입해야 하며, 매달 국민건강보험료를 납부해야 한다. 그런데 고령층은 점점 증가하지만 보험료를 납부하는 젊은 인구는 줄어들고 있다.

국회 예산정책처에 따르면, 2027년에 국민건강보험 누적준비금은 바닥이 나고 2029~2030년부터 재정 수지가 크게 악화된다. 건강보험 재정에서 의사에게 급여에 해당하는 돈을 주는데, 이런 상황이면 의사에게 줄 돈 또한 줄일 수밖에 없다.

공무원 임금 상승률이 물가 상승률에도 못 미치는 것처럼, 국가의 통제 아래 있는 의사가 받는 급여는 사정이 어려워질 것이다. 그러면 건강보험 위주의 전공을 수련하는 전공의들은 더더욱 줄어들 테고 필수 의료에 공백이 생기며, 비급여 위주의 피부과, 성형외과들은 포화되어 비급여 사정도 악화될 것이다.

이민자를 대거 받거나 출생률이 크게 증가하는 등 인구 구조가 개선되지 않는 한, 이 추세를 바꿀 수는 없다. 전망 좋은 국가로의 이민이 답이 아닐까 생각하게 되는 요즘이다. 그래도 예전엔 뿌연 안개 속에 서 있는 것처럼 아무것도 보이지 않았다면, 지금은 조금씩 안개가 걷히고 살짝 길이 보이는 듯하다.

지난 5년 동안 나는 소비 수준을 함부로 높이지 않는 동시에 내 시간과 몸을 갈아서 수입을 얻는 구조의 한계를 극복하기 위해 노력해왔다. 이 책은 그 과정의 기록이라 할 수 있다. 의대와 수련 과정을 포함해 10년 이상 병원 사람들과 대부분의 시간을 보내기 때문에 의사 사회는 아주 좁고 깊다. 이 사회와 동떨어지지 않으려면 소비 수준을 어느 정도 맞춰야 한다. 또한 주변에서 경제적으로 의사에게 기대하는 수준이 있다. 물론 이런 시선들, 다 무시하면서 살 수도 있겠지만 쉽지 않다. 이런저런 이유로 한 번 올라간 소비 수준은 다시 낮추기 어렵고 계속 열심히 일해야만 그 수준이 유지된다. 즉 사회적 위치와 주변의 기대에 맞춰 돈을 쓰게 되고, 계속해서 시간을 쏟아 부으며 돈을 벌어야 하는 악순환에 빠지게 된다.

처음에는 우리나라의 상황과 의사라는 직업의 현실에 대해 많이 힘들었고, 막막했다. 그래서 의사의 정해진 길만 따라가기보다는 어떻게 하면 미래를 대비할 수 있을지 치열하게 고민했다. 그 과정에서 많은 시행착오를 겪었고, 내 나름의 답을 찾았다. 직업 하나로 큰돈을 버는 시대는 지났다. 내가 투자를 시작하게 된 이유다.

미국 주식 투자로 눈을 돌린 이유

투자하기로 마음먹고 공부를 시작했던 때가 떠오른다. 처음 경제 공부를 하자니 어디서부터 시작해야 할지 막연해서 《맨큐의 경제학》 같은 책을 구매해 읽었다. 다양한 재테크 강의도 듣고 국내 주식과 해외 주식을 모두 공부했다. 그렇게 공부를 하고 실제로 투자에 적용해보면서 깨달은 바가 몇 가지 있다.

우선, 우리는 미래를 예측하기 어렵다. 확실한 것은 아무것도 없다.

당장 2~3년 뒤에 자동차 산업이 어떻게 될지, 혹은 조선 산업이 어떻게 될지도 알 수 없다. 코로나19 전만 하더라도 전기차가 이렇게까지 보급률이 증가할 줄은 몰랐다.

인공지능 산업은 또 어떤가. 2022년에 생성형 인공지능이 나타나면서 인공지능 시장은 폭발적으로 규모가 커졌다. 물론 2022년 전에도 인공지능은 이슈가 된 적이 많았다. 특히 2016년에는 알파벳 산하의 인공지능 연구 기업 딥마인드가 개발한 알파고가 바둑 기사 이세돌을 4승 1패로 꺾으면서 인공지능은 큰 관심을 받았다. 이후 사물인터넷, 자율주행 기술 등이 발달하면서 인공지능 시장은 점점 확대됐다.

인공지능의 거대한 물결이 앞으로 더 많은 분야에 영향을 미치고 더 큰 시장이 될 것이라고 예상하기는 쉽다. 하지만 폭발적으로 성장하는 시기가 구체적으로 언제일지는 알 수 없다. 몇 년 이상 정체될 수도 있는 것이다. 인공지능 시장의 성장으로 어떤 기업이 수혜를 입을지 예측하는 것 또한 매우 어려운 일이다. 지금 삼성전자 메모리사업부는 중국에 크게 추격당하고 있고, 파운드리사업부는 TSMC와 격차가 벌어지면서 어려움을 겪고 있는데, 어느 누가 이를 정확하게 예측할 수 있었을까.

인공지능을 구현하는 데 HBM 메모리(메모리 칩을 적층하여 데이터 전송 속도를 대폭 향상시킨 메모리)가 중요한 역할을 하리라는 점을 예측하기도 매우 어려웠다. 반도체 산업을 전공자 수준으로 깊이 이해하고 있어도 어려웠을 일이라고 생각한다. 그렇다면 인공지능 시대에 엔비디아의 GPU가 큰 역할을 하리라고 예측하는 것은 쉬웠을까? 지금이야 GPU가 인공지능을 구현하는 데 중요한 역할을 한다는 사실이 널리 알려져 있지만, 폭발적인 성장세 이전에는 이 또한 예측하기 어려웠을 것이다.

기술의 발전에는 외부의 경제적·정치적 요소가 복잡하게 얽혀 있기 때문에 예측은 더더욱 어렵다. 또한 전쟁이나 기후 변화 등으로 물가가 오르고 기준금리가 크게 인상될 수도 있다. 중국의 반도체 굴기가 성공해서 미국 반도체 산업을 크게 위협할 수도 있다. 금리, 기후 변화, 전쟁, 바이러스, 중국 반도체 굴기 성과, 그 무엇도 우리는 예측할 수 없다.

예측은 불가능하다 해도 대응은 적절하게 할 수 있지 않을까? 이 역시 어렵다. 주가가 하락했을 때 저점이라고 생각해서 매수를 했지만 하락이 생각보다 길어지는 일은 비일비재하다. 마찬가지로 고점이라고 판단해서 매도했지만 상승세는 더 길어질 수도 있다.

레버리지를 최대한 조심하며 투자할 때엔 폭발적으로 주가가 상승하며 수익을 극대화하지 못할 수 있고, 다른 사람들이 크게 수익이나는 것을 보고 그제서야 레버리지를 사용했는데 그때부터 주가는 크게 하락할 수 있다.

안정적으로 자산을 운용하기 위해 포트폴리오를 어떻게 구성하고 현금 비중은 어떻게 할지 고민을 많이 하지만, 이 또한 고민이 무색하게 앞으로의 상황에 따라 성과가 달라진다. 평균적으로 성과가 좋았던 자산 운용 전략이나 대응 전략을 사용할 수 있지만, 이는 결과론적인 해석일 때가 많다.

경제 공부를 하고 실제로 투자를 하면서 나는 이와 같은 사실들을 깨달았다. 그렇게 무기력함을 겪었다. 내가 통제할 수 있는 것은 극히 드문데, 좋은 투자 성과를 내려면 과연 어떻게 해야 할까?

다만 거대한 흐름은 쉽사리 변하지 않는다. 디지털 시대에서 갑자기 뗀석기를 쓰던 구석기 시대로 역행할 확률은 0%에 가깝다. 10년 뒤 인공지능 시장은 더욱 커져 있을 것이다. 전기차 보급 또한 확대되어 있을 것이다. 우리나라는 출생률이 크게 높아지지 않는 한 초고령 사회를 피하기 어려울 것이다. 그래서 어떤 기업이 수혜를 받을지는 알기 어렵다. 어떤 산업의 시장 규모가 커지고 작아질지 막연하게 예측할 수 있을 뿐이다. 이렇게 생각하니, 자연스럽게 투자의 방향이 잡혔다. 수혜를 받을 기업을 예측하기란 매우 어려운 일이기 때문에 ETF 위주의 투자를 시작한 것이다.

우리나라 기업들은 전 세계에서 비중이 매우 작다. 따라서 거대한 흐름과는 완전히 다른 방향으로 흘러갈 가능성이 상대적으로 크다. 반도체 산업도 마찬가지다. 아무리 우리나라가 반도체 강국이라지만, 전체 반도체 시장을 놓고 보면 극히 일부분만 차지할 뿐이다.

전 세계를 기준으로 가장 많은 비중을 차지하는 것은 미국이다. 거대한 흐름과 함께하려면 미국에 투자해야 한다. 거대한 흐름을 선도하는 기업들은 대부분 미국 증시에 상장되어 있다. 미국만큼 이상적인 투자 환경이 조성된 국가는 찾기 힘들다.

처음엔 미국 주식에 투자하는 일이 낯설 수 있다. 나 또한 그랬고, 국내 주식에 먼저 투자했다. 환전 과정을 거치지 않아도 되니 편하고 국내 기업들이 더 친숙하기 때문이었다. 하지만 투자하는 이유가 '친숙해서', '투자하기 편해서'가 되면 안 된다. 잘 알고 있거나 친숙하게 느끼는 대상에 대해서 더 긍정적으로 평가하는 친숙 편향(home bias)에서 벗어나야 한다.

나는 이 책을 통해 독자들로 하여금 이러한 편향에서 벗어날 수 있도록 돕고 싶었다. 미국에 투자해야 하는 이유를 상세히 다루었고, 미국 주식에 투자하는 일 또한 국내 주식에 투자하는 것만큼 편해질 수 있도록 애썼다. 경제와 상관없는 분야에 종사하는 사람이 어떻게 미국 주식을 고려하게 되었고, 투자 공부를 어떤 식으로 접근했는지 참고가 되어 부디 여러분은 시행착오를 덜 겪었으면 좋겠다.

차례

시간은 당신의 친구이며, 충동은 당신의 적이다.
Time is your friend, impulse is your enemy.

존 보글 *John Bogle*

1장

동기, 우리 모두의
생존이 걸린 문제

적당히 일하고
적당히 버는 것이 행복?

직장인도 어렵다

의사뿐만 아니라 직장인, 자영업자도 돈을 벌어들이는 구조는 똑같다. 시간과 돈이 공존할 수 없는 구조다. 게다가 고령화는 더욱 심각해질 것이다. 젊을 때는 의료 서비스 이용 비율이 낮으면서도 노인 부양을 위해 불가피하게 건강보험료를 많이 내야 한다. 국민연금도 마찬가지다. 열심히 노동해서 돈을 버는데 나라에선 국민연금, 건강보험 등의 명목으로 월급의 일정 부분을 가져가지만 정작 필요할 때는 국민연금을 수령할 수 없고, 국민건강보험 혜택을 제대로 누릴 수 없어질 확률이 커졌다.

지금의 체계를 유지하려면 국민은 4대 보험료를 더 많이 납부해야한다. 인구 문제가 해결되지 않는다면 가처분소득은 더 낮아질 테고 내수도 좋지 않아질 것이다. KIET 산업연구원은 생산가능인구 비율이 0.1%p 감소할 때 연평균 투자액은 0.96%, GDP는 0.30% 감소할 것이라고 발표했다.

일본도 생산가능인구가 감소한 시점부터 본격적으로 경기 침체가 찾아왔다. 생산가능인구가 중요한 이유는 결국 생산한 만큼 내수 시장에서 소비를 하기 때문이다. 생산가능인구가 곧 활발하게 소비를 하는 인구인 것이다. 만약 일본처럼 간다면 고용 또한 불안정해질 것이다. 비정규직 취업자는 크게 증가하고 고용률은 감소하여 실업률이 높아질 것이다.

너무 비관적인 생각일까? 하지만 현실을 직시하는 것은 중요하다. 지금 우리나라의 상황을 있는 그대로 받아들이고, 여기서 우리가 할 수 있는 것들에 대해 고민해보는 것이 훨씬 현명한 처사다.

┃ 현실에 적응하는 2030

2024년 6월 기준 취업자수가 전년 동월에 대비해 20개월 연속으로 감소 중이다. 대기업을 비롯한 양질의 일자리는 적고 고용 시장은 불안정해서 주변을 보면 학벌이 좋아도 취업이 잘 안 되거나 전문직을 준비하고 있거나 대학원에 진학하는 친구들이 정말 많다. 취업을 해야 돈을 모으든 투자를 하든 경험을 쌓든 할 수 있는데 그조차 힘들어졌다.

다행히 취업에 성공했다 해도 월급만으로는 내 한 몸 건사하기도 힘들다. 사치를 부리지 않아도 돈 나갈 곳이 너무 많다. 일자리는 서울에 몰려 있는데 월세는 엄청나게 올라서 특히 지방 사람들은 돈 모으기가 현실적으로 너무 어렵다. 2024년 한국부동산원 자료를 보면 서울 오피스텔 월세는 1년 만에 13.5%가 올랐다. 반면 잡플래닛에 따르면 2024년 연봉 인상률은 4~6%가 제일 많았다. 소비자물가 상승률이 점차 둔화되고 있다고 하지만 특히 우리가 체감하는 외식, 식품 물가는 너무나도 올랐다.

사회 초년생들은 지금도 삶이 벅차다. 하지만 인구 문제는 이제 시작일 뿐이다. 양질의 일자리는 더더욱 줄어들 확률이 크다. 상황이 이렇다 보니 2030세대는 많은 고민을 안고 있다. 또 저마다의 방법으로 해결책을 찾으려 노력한다. 그 한 방법이 결혼과 출산의 포기다. 연애도 돈이 너무 많이 들어간다. 김밥 한 줄에 3,500원이고 파스타라도 먹으려 하면 2~3만 원이 넘어간다. 그렇다고 매번 공원 산책만 할 수는 없는 노릇이다. 연애와 결혼, 출산을 포기하면 조금은 숨통이 트인다. 가끔 맛있는 것 먹고 여행 다닐 정도의 돈은 마련할 수 있다.

열심히 일하고 인내해야 할 유인이 별로 없다. 지금 저축해서 복리로 돈을 불려나간다 해도 10년 후 미래를 생각해봤을 때 크게 나아지리라는 생각도 들지 않는다. 이제는 몇몇 대기업, 금융업계 등을 제외하곤 성과만큼 연봉이 인상되는 구조가 아니다. 바늘구멍을 통과하는 것만큼이나 어려운 임원이 된다 해도 들이는 시간과 노력에 비해 보상이 크지 않은 경우가 많다. 회사가 어려워지면 임원들 임금부터 줄이고, 임원들이 더 많이 출근한다. 최근 삼성은 경영이 어려워지자 모든 임원이 주 6일을 근무하기에 이르렀다. 심지어는 주 7일 출근하기도 한다.

그래서 2030세대는 이렇게 생각하기도 한다. '적당히 일하면서 적당히 벌고, 그 돈으로 적당히 사는 것이 행복으로 가는 길이다.' 월급이 계속 들어오는 것에 만족하며 위험을 추구하지 않는다. 직장에서 남들 하는 만큼 일하면서 예적금을 성실히 납입한다. 지금의 삶에 큰 불만이 없고, 미래에도 월급이 안정적으로 들어올 것이라 여긴다.

물론 다른 생각을 하고 다른 길을 찾는 청년들도 많다. N잡을 하고, 사업을 하고, 투자 공부를 하며 치열하게 살아가는 2030들이다.

월급만으론
충분하지 않아

| N잡 하는 2030

2023년 잡코리아 설문조사에 따르면, 20대 중 현재 N잡을 하고 있는 비율은 34.1%, N잡을 경험해본 비율은 56.1%에 달했다. 현명한 선택이다. 회사 일에만 몰두하기에는 불안한 현실이니 말이다. 나 또한 부업을 하고 있으며, 또 다른 일도 시도해보려 생각하고 있다. 다양한 영역에서 수입이 창출되면 보다 안정감을 느낄 수 있기 때문이다.

N잡은 다양한 경험을 쌓고 자아를 실현한다는 의미도 있다. 회사에서는 싫어하는 일도 해야만 한다. 어쩌면 회사에는 내가 좋아하는 요소가 거의 없을 수도 있다. 그럴 때 직장에서의 근무시간은 그저

버티는 시간이고, 퇴근 이후의 시간이 나의 삶이다. 이런 경우가 꽤 많을 것이라고 생각한다. 하지만 이제는 해야만 하는 일이 아니라 하고 싶은 일로도 수익을 창출할 수 있는 길이 여럿 열렸다. 먹는 것을 좋아하면 먹는 모습을 영상으로 찍어 꾸준하게 올리기만 해도 돈이 된다.

하지만 N잡도 한계가 있다. 유튜브나 인스타그램 활동을 수익으로 연결하려면 꾸준히 해야 하고, 배달이나 서빙 같은 단순 노동은 시간 당 소득이 크지 않다. N잡을 하더라도 단순 노동보다는 부가가치가 높은 일을 하는 것이 좋다. 그래서 N잡을 하는 2030들은 쏟는 시간 대비 소득이 커질 수 있는 일들이 무엇이 있을지 고민한다.

사업하는 2030

창업을 생각하는 2030들도 꽤 많다. 기존의 부업을 본격적으로 사업화하는 경우도 적지 않다. 내 주변에도 창업을 준비 중이거나 이미 창업한 친구들이 몇몇 있다. 각 대학마다 창업동아리가 있을 정도로 창업은 대학생들에게 관심의 대상이고, 창업 지원 제도도 잘 갖추어져 있다. 특히 〈1-1〉 같은 세금 혜택이 상당히 매력적이다.

기존의 근로소득은 극단적으로 올리기가 정말 힘들다. 소득이 크

1-1 청년창업 중소기업의 세금 감면

창업중소기업						창업벤처 중소기업	창업보육 센터사업자	에너지 신기술 중소기업
수도권과밀억제권역 외			수도권과밀억제권역					
청년창업[1]	수입금액 4,800만 원 이하[3]	그 외	청년창업	수입금액 4,800만 원 이하[3]	그 외			
5년 100%[2]	5년 100%	5년 50%	5년 50%	5년 50%	-	5년 50%	5년 50%	5년 50%

1. (청년창업) 창업 당시 대표자가 15~34세 이하(병역기간 최대 6년 차감) 법인의 경우 최대 주주 등일 것
2. 2018. 5. 29 이후 창업 이후부터 적용, 2018. 5. 28 이전 수도권 외의 지역에서 창업한 청년창업중소기업은 3년간 75%, 그 후 2년간 50% 감면
3. (수입금액 8,000만 원 이하) 최초 소득 발생 과세연도와 그다음 과세연도 4년 중 수입금액이 연간 기준 8,000만 원 이하인 과세연도에 적용(2022. 1. 1 이후 개시하는 과세연도 분부터)

* 신성장서비스업을 영위하는 기업은 최초 소득 발생 과세연도와 그 후 2년간 75%, 그 이후 2년간 50% 세액 감면
 • S/W개발업 등 「조특법 시행령」 제5조 제12항에 열거된 업종
 • 청년창업중소기업, 창업보육센터사업자 제외

자료: 국세청

게 올랐다 해도 세금이 만만치 않다. 연소득이 1억 5,000만 원을 초과하면 소득세율이 38%, 3억 원을 초과하면 40%다. 여기에 4대 보험료까지 납부하면 남는 게 별로 없다. 반면 청년(15~34세)이 창업을 하면 소득세가 5년간 50~100% 감면된다. 이외에도 수많은 창업 지원 제도가 있고, 실제로 똑똑한 젊은이들은 이런 정책들을 매우 잘 활용하고 있다.

한국 주식은 No,
미국 주식은 Yes

투자 공부하는 2030

대부분의 직장인은 퇴근하고 돌아오면 녹초가 된다. 무언가를 할 엄두가 나지 않는다. 배달이나 대리운전 같은 아르바이트를 할 체력은 당연히 남아 있지 않다. 유튜브나 인스타그램 활동도 쉬운 게 아니다. 초기엔 거의 돈이 들어오지 않기 때문에 기획력과 꾸준함이 필요하다. 창업을 준비하는 일은 더더욱 어렵다.

이때 할 수 있는 것이 투자인데, 부동산처럼 목돈이 없어도 할 수 있는 주식으로 투자를 시작하게 된다. 특히 코로나19 팬데믹 당시 재택근무가 활성화되어 여유시간이 생기고 기준금리가 내려가면서 주식 투자에 입문한 이들이 많다. 2020년 3~10월 신규 투자자 연령대를 보면 20대가 28.3%, 30대가 25.8%에 달하고, 이들은 국내 주식보다는 미국 주식에 관심이 많다.

한국예탁결제원에 따르면 2022년 12월 30일 우리나라 투자자들의 미국 주식 보관 금액은 442억 달러였지만 2024년 7월에는 919억 달러로 2배 넘게 증가했다. 반면 개인 투자자들이 순매도한 국내 주식은 한국거래소에 따르면 2024년 상반기 기준 7조 원에 달했다. 수익률이 낮은 국내 주식에서 벗어나 해외 주식으로 옮겨가는 청년들이 더욱 많아지고 있다. NH투자증권에 따르면 2024년 상반기 기준 20대의 주식 투자 수익률은 10.30%, 30대는 9.75%로 40대 수익률 8.02%, 50대 수익률 7.34%보다 높았다.

2030세대는 그저 수익률이 좋기 때문에 해외에 투자하는 것이 아니다. 투자할 선택지가 국내에는 별로 없기 때문이고, 국내 증시에 문제가 많기 때문이다. 2024년 7월 10일 코스피 시가총액은 2,400조 원을 돌파하면서 최대 기록을 세웠지만, 코스피 지수는 역대 최고 기록인 3,305.21 대비 2,860선으로 매우 낮다. 시가총액에 비해 주가지수가 낮은 것이다. 국내 증시 문화는 아주 잘못되었다. 주주 환원은 매우 미흡하고, 물적 분할 후 '쪼개기 상장'을 하거나 유상증자 등 주주 가치를 훼손하는 일들이 비일비재하게 일어난다.

국내 주식이든 부동산이든 투자 대상이 되지 못하는 상황에서는

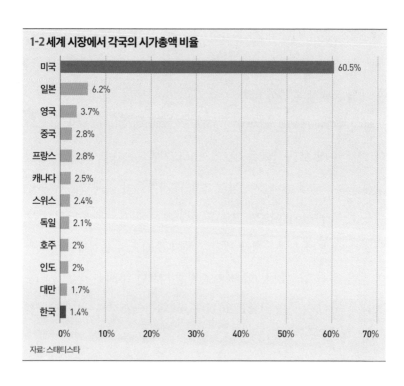

1-2 세계 시장에서 각국의 시가총액 비율

국가	비율
미국	60.5%
일본	6.2%
영국	3.7%
중국	2.8%
프랑스	2.8%
캐나다	2.5%
스위스	2.4%
독일	2.1%
호주	2%
인도	2%
대만	1.7%
한국	1.4%

자료: 스태티스타

해외로 눈을 돌리게 돼 있다. 해외 중에서도 미국은 자사주 매입이나 배당 등 투자 문화가 아주 잘 형성되어 있다. 인구 구조도 이상적이고 기업 경영 문화도 합리적으로 형성되어 있어 미래도 기대된다. 사회 초년생들에게는 미국 주식만큼 이상적인 투자처도 찾기 힘들다.

주주 친화적이기 때문에 장기 투자를 해도 안정적이다. S&P500 지수의 장기 투자 수익률은 30년 평균 10% 내외 수준으로 성과가 매우 좋다. 주식 투자를 지속할 수 있는 구조가 잘 갖춰져 있기 때문에 이런 결과가 나올 수 있는 것이다.

뒤에 설명하겠지만, 기업 하나하나를 보고 투자하면 불확실성이 너무 크기 때문에 안정적인 투자를 하기 힘들다. 그래서 ETF 위주로 투자하는 것이 좋다. 기업 내부 사정을 일일이 알기도 힘들뿐더러, 어떤 산업을 공부하더라도 전문가가 아니라면 공부에 한계가 있기 때문이다. 그래서 거대한 트렌드, 최소 5~10년 이상은 갈 만한 트렌드를 보고 투자해야 한다.

　미국은 2023년 기준 전 세계 시가총액 중 절반 이상을 차지하는 매우 큰 시장이다. 반면 한국은 전 세계에서 1.4%를 차지할 뿐이다(1-2). 자본의 거대한 트렌드는 미국이 주도한다는 뜻이다. 한국에서 시가총액이 가장 큰 삼성전자만 하더라도 반도체 시장의 작은 부분을 반영할 뿐이다.

　반도체에 관여하는 기업은 아주 많다. 반도체를 직접 설계하기 때문에 애플 역시 반도체 관련 기업이다. 인공지능에 필수적인 반도체 GPU를 생산하는 기업으로 주가가 크게 오른 엔비디아, 스마트폰에 들어가는 반도체 칩을 만드는 퀄컴, 네트워크 쪽 반도체를 담당하는 브로드컴, CPU를 제조하는 인텔 등 수많은 기업이 있다. 그중 많은 기업이 미국에 본사를 두고 있다. 반도체의 거대한 트렌드에 투자할 때도 한국보다는 미국에 투자하는 것이 맞는다.

투자의 제1 원칙

주식 투자의 제1원칙은 "절대로 한국 주식에 투자하지 말라"이며, 제2원칙은 "제1원칙을 절대로 잊지 말라"라고 한다. 여기에 제3원칙이 추가되었다. "잊지 말라면 제발 잊지 말아라." 미국 주식은 안전자산, 암호화폐는 위험자산, 그리고 국내 주식은 사기라는 인식이 퍼지고 있다. 오너의 이익을 위해 주주의 피해를 무시하는 국내 증시 문화에 대한 혐오는 그만큼 크다. 내 주변 지인들만 봐도 국내 주식은 쳐다보지도 않고 마음 편하게 S&P500 ETF나 빅테크 위주로 주식을 모은다.

결론부터 말하자면, 근로소득을 올리는 데 집중하면서 투자에는 시간을 거의 할애하지 않는 것이 최선이다. 즉 미국 주식지수를 추종하는 인덱스 펀드에 기계적으로 투자하는 것이 노력 대비 최대의 성과를 끌어낼 수 있는 방법이다. 물론 알고 투자해야 한다. 내가 왜 이렇게 투자하는지 잘 알고 있어야 나중에 투자 환경이 변하거나 내 소득 구조가 달라졌을 때 어떻게 투자해야 할지 판단할 수 있기 때문이다.

돈 아끼다
아무것도 못한다면

적금 금리에 목숨 걸지 말자

재테크를 결심하면서 처음에 했던 일은 절약, 그리고 현금처럼 쓸 수 있는 각종 포인트를 모으는 것이었다. 투자할 돈 자체가 없었기에 일단 돈을 모아야 했다. 그러기 위해 맨 처음 시도했던 일이 통장 쪼개기였다. 우선 통장에 이름을 붙여서 용도별로 통장을 관리했다. 월급 등이 들어오는 '수입 통장', 지출이 일어나는 '소비 통장' 등 이름을 붙여 관리했다. 지금도 이 방식을 고수하고 있는데 수입 통장에는 월급 외에 각종 포인트들, 만기된 적금, 중고 거래로 얻은 수익 등 모든 수입을 몰아넣는다. 이렇게 하면 수입이 어떻게 들어오는지 한눈에 볼 수 있다.

수입 통장에서 일정 금액은 투자 통장으로 보내고, 소비 통장에도 매주 일정 금액으로 자동이체를 설정해놓는다. 이렇게 하면 과한 소비를 줄일 수 있고, 투자를 할 때도 충동적인 매수를 막을 수 있다. 자금의 흐름도 쉽게 파악할 수 있다. 어디서 돈이 새는지, 내 수입이 어디에 집중되고 있는지 등을 알고 통제할 수 있는 것이다.

그다음 시도했던 것은 카드 포인트를 쌓거나 여러 청구 할인 혜택을 받는 '카드테크'였다. 신용카드 혜택이 나름 쏠쏠하다. 지금은 포인트 적립 위주의 카드와 결제할 때 특정 조건을 만족하면 청구 할인되는 카드 2개를 이용하는데, 카드 위에 혜택을 간단히 적어놓는다. 이렇게 하면 카드 혜택에 맞게 소비를 해서 포인트를 쌓거나 할인을 받기 쉬워진다.

'앱테크'도 참 많이 했다. 하지만 너무 많은 시간이 소요되어 지금은 안 하고 있다. 조금이라도 높은 금리의 적금을 찾는 데 혈안이 되기도 했다. 적금 금리에 목숨을 걸고, 앱테크에 많은 시간을 쏟고, 무조건 절약을 실천하면서 느낀 점이 있다면, 이렇게 노력하는 나의 행동들이 오히려 나의 성장을 방해한다는 것이었다. 시간은 엄청나게 쓰는데 정작 얻는 것은 미미하게 증가한 통장 잔고였다. 내 소중한 시간을 상당히 할애해서 얻는 돈이 고작 몇십만 원이라는 것에 한계를 느끼고 부질없다는 생각이 들었다.

정말로 무서운 것

물론 소비 수준을 통제하는 것은 아주 중요하다. 하지만 지나친 절약은 오히려 소득을 늘릴 기회를 막는다. 지금 돈이 좀 나가더라도 소득의 상한을 늘리는 데 집중해야 한다. 소중한 내 시간을 투자해 얻을 수 있는 기대소득이 얼마나 될지 계속 생각하는 습관을 들이되, 단순히 소득뿐만 아니라 또 다른 소득을 올릴 수 있는 여러 기회를 접해볼 경험들도 포함시켜 생각해야 한다.

소비를 투자의 관점에서 보는 습관도 들여야 한다. 소비를 하지 않으면 시장이 어떻게 돌아가는지 알 수 없다. 또한 소비는 통장 잔고를 풍족하게 해주는 수단이 될 수도 있다. 신발 리셀이나 명품 재테크도 있지 않은가. 심지어는 재테크 공부를 하는 과정을 기록하는 것만으로도 돈이 벌릴 수 있다. 혹은 내가 자취방에서 청소를 하거나 옷을 개고 정리하는 과정도 돈이 될 수 있다. 골프를 치거나 수영, 헬스, 달리기를 하는 것, 몸에 좋은 음식을 챙겨 먹는 것도 유튜브에 올리면 돈이 된다.

요는, 절약하는 방법을 찾기보단 돈 버는 방법을 생각해야 한다. 절약하느라 돈을 쓰지 않는다면 할 수 있는 일이 매우 제한될 수밖에 없다. 어떻게 하면 내가 평소에 좋아하는 것들, 아니면 의무적으로 하는 일들을 이용해 수익을 낼 수 있을지 고민해보자.

원래 사람은 손실을 더 무서워한다. 소득을 높이는 것에 투자하기보다 지금 돈이 나가는 게 두렵다. 하지만 당장의 잔고가 줄어드는 걸 무서워할 게 아니라 앞으로 소득이 더 늘어나지 않을 걸 무서워해야 한다.

젊을수록
시간을 아껴라

나는 종종 내 남은 수명을 배터리에 비유해서 생각하곤 한다. 2022년 기준 한국인 기대수명은 남자가 평균 79.9세, 여자는 85.6세다. 현재 30세 남자라면 62.5%, 여자라면 65% 정도의 배터리가 남은 셈이다. 부족하지는 않지만 아주 충분한 것도 아니다. 게다가 20~30대의 1%와 60~70대의 1%는 숫자는 같아도 질이 다르다고 생각한다.

젊으니까 괜찮다고, 무엇이든 해보라고 말하는 이들이 있지만, 동의하지 않는다. 젊기 때문에 시간이 상대적으로 많아 보이고 '시간 인플레이션'이 발생하는 것이 아닌가 싶다. 젊을수록 시간을 신중하게 써야 한다. 내가 시간을 쓸 때 그 대가로 무엇을 얻고 있는지, 혹은 잃고 있는지 생각하는 습관을 가지면 좀 더 시간을 신중하게 쓸 수 있다.

무조건 생산적인 일만 하라는 의미가 아니다. 아무것도 하지 않더라도 진지하게 나를 돌아보고 가치관을 명확히 하는 것만으로도 가치가 있다. 오히려 별 생각 없이, 그렇다고 지금의 삶에 만족하는 것도 아니면서 직장을 다니고 있다면 그것이 시간을 허비하는 것일 수 있다.

노동소득에만 의존하고 예적금만 붓는 것도 마찬가지다. 자신만의 명확한 기준에 따라서 그렇게 하기로 결정했다면 전혀 문제가 없다. 하지만 충분한 고민 없이 그저 관성에 따라 그렇게 살고 있는 것이라면 시간이라는 자원을 낭비하고 있는 것이다.

시간은 우리가 시행착오를 할 수 있는 힘이다. 하지만 시간은 무한하지 않다. 우리는 시행착오를 할 수 있는 힘을 점점 잃어가는 중인 셈이다. 시행착오는 앞으로 나아가기 위해 꼭 필요한 것일 수 있다. 하지만 시행착오도 적당히 해야 한다. 치명적인 시행착오는 너무나도 큰 시간을 소모하게 만들 수 있다. 내가 하고 있는 그 일이 지금 소모되고 있는 시간만큼 소중한지 생각해봐야 한다.

만약 수능에 실패해서 1년을 재수했다면, 평균수명까지 산다고 가정했을 때 수명의 약 1.2%를 소모한 셈이다. 젊은 시절의 1년이라는 시간은 가치가 매우 크다. 무엇을 할 때 단순히 경제적인 비용만 기회비용으로 따질 것이 아니라 소모된 시간도 기회비용으로 생각해야 한다.

주식 투자에도 이 원리가 적용된다. 좋은 기업이란 해당 기업의 제품과 서비스를 사용함으로써 살아있는 동안 나의 시간을 더 소중하게 쓸 수 있도록 도와주는 기업이다. 내가 하고 싶은 말은 한 문장으로 압축할 수 있다.

"시간은 가장 소중한 소모성 자원이다."

그리고 나는 시간을 더 소중하게 쓰기 위해서 주식 공부를 했다.

내 돈을 위해
기업을 이용할 것

돈, 놀게 하지 말자

누구에게나 공평하게 주어지는 유일한 것이 시간이다. 그리고 하루 24시간을 어떻게 활용하는가에 따라 우리의 삶은 완전히 달라진다. 최저시급도 못 받으면서 일하는 사람이 있는 반면, 어떤 사람은 1초에 수십만 원씩 벌기도 한다. 나는 이 차이가 근본적으로 레버리지를 활용하는 능력에서 온다고 생각한다.

레버리지는 지렛대라는 뜻으로, 더 큰 성과를 내게 만들어주는 모든 것을 의미한다. 조금 극단적으로 말하면, 세상은 레버리지를 활용하는 자와 레버리지를 당하는 자로 나뉜다. 내가 얼마나 노력하고 사회에 얼마나 기여하는지가 아니라, 시스템이나 사람 등의 레버리지를 얼마나 잘 활용하는지에 따라 부가 쌓이는 것이라고 생각한다.

우리가 일하는 회사는 사원들을 레버리지하는 것이다. 삼성전자나 SK하이닉스는 반도체 생산 시설을 만들고 사람을 고용해서 반도체를 생산하여 이익을 얻는다. 또 자영업자는 카페를 차리고 아르바이트생을 고용한다. 시급 1만 원을 주고 고용해서 1시간 동안 5만 원어치의 음료를 팔았다면, 카페 주인은 아르바이트생을 레버리지하여 시급 이상의 수익을 챙긴 것이다.

주식에 투자할 때도 레버리지는 흔하게 쓰인다. 내가 100만 원을 투자해서 10%의 수익을 내면 10만 원을 얻을 수 있다. 하지만 내 돈 100만 원에 친구에게 100만 원을 빌려서 200만 원으로 10%의 수익을 내면 2배인 20만 원을 벌 수 있다.

하지만 레버리지가 늘 잘되는 것은 아니다. 만약 시급 1만 원을 주고 아르바이트생을 고용했는데 음료가 1잔도 팔리지 않는다면 시간당 1만 원의 고정비용만 나가는 것이기 때문에 손해를 본다. 마찬가지로 내가 혼자 100만 원을 투자해서 10% 손실을 보면 10만 원만 잃지만 친구 돈 100만 원까지 합쳐서 투자하면 20만 원을 잃는다.

그러나 지금은 레버리지를 하기 좋은 세상이다. 나는 인터넷과 플랫폼이 발달하면서 빈부격차가 더 커졌다고 생각한다. SNS가 하나의 예시가 될 수 있는데, SNS가 수익을 극대화할 수 있는 요소는 2가지가 있다. 과거의 나를 레버리지할 수 있게 된 것이 첫 번째, SNS 플랫폼에 접속한 여러 사람들에게 동시에 나를 보여줄 수 있는 것이 두 번째다.

가령 유튜브에 하루에 하나씩 영상을 올리면 1년에 365개의 영상이 쌓이고, 그 영상들은 시간이 지나도 남는다. 이건 엄청난 장점이다. 1년 전에 물건을 판매하는 영상을 올렸고, 여전히 사람들이 보고 있다면 1년 전의 내가 지금도 계속 일하고 있는 것이다. 영상을 보는 사람들의 한계가 없다는 점도 매우 중요하다. 옛날엔 한 사람 한 사람 직접 소통하거나 강당에 모아놓고 소통했다면 지금은 인터넷을 통해 시간과 장소에 구애받지 않고 소통이 가능해졌다. 유튜브라는 플랫폼을 레버리지해서 일일이 찾아가지 않고도 수많은 사람들과 소통할 수 있게 된 것이다. 온라인 강의도 마찬가지다. 온라인 강의를 한두 달 촬영하면 나머지 기간은 일하지 않아도 돈을 벌 수 있다. 그렇게 연봉이 수백억 원인 학원 강사도 탄생했다.

돈과 관련이 있어야만 레버리지인 것은 아니다. 친구들끼리 놀러 갈 때 각자 잘하는 일에 따라 역할을 나누는 것도 일종의 레버리지다. 가령 A는 운전을 잘하고 B는 요리를 잘한다면 둘이 여행을 할 때 최선의 결과를 얻을 수 있다. 그래서 나는 내 주변에 어떤 사람들이 있는지도 무형 자산이라고 생각한다. 다양한 분야의 사람들이 많을수록 내가 잘하는 일에 대해서는 도움을 주면서 내가 못하는 일들에는 도움을 받을 확률이 커진다.

수익을 극대화하는 근본적인 원칙은 내가 잘하는 것은 내가 하되, 다른 일은 최대한 아웃소싱하여 최선의 결과를 내는 데 집중하는 것이다. 투자할 기업을 선별할 때도 나는 기업이 레버리지를 얼마나 잘하고 있는가를 정말 중요하게 생각한다.

돈을 벌고자 한다면 가장 먼저 해야 할 일은 내 삶 구석구석에 레버리지로 활용할 만한 부분이 있는지 생각해보는 것이다. 내가 집중해야 할 일에 집중하고, 나머지는 최대한 시간과 에너지를 아껴야 한다. 가령 집안일은 최대한 효율적으로 빨리 해치우고, 수입을 늘리는 데 꼭 필요한 일들에 집중하자.

삶의 곳곳에서 레버리지를 통해 수입을 극대화하는 방법도 있지만, 돈이 스스로 일하게 하는 것 또한 레버리지다. 주식은 계좌에 놀고 있는 돈을 레버리지할 수 있는 훌륭한 수단이다.

주식이란 기업을 레버리지하는 것

놀고 있는 돈을 레버리지하여 일하게 만드는 수단은 아주 다양하다. 은행에 예적금을 할 수도 있고, 부동산에 투자해서 월세를 받을 수도 있다. 주식에 투자하여 돈을 일하게 만들 수도 있다. 주식은 주식회사의 소유권을 증명해주는 증서다. 기업이 영위하는 사업이 잘될수록 기업의 가치가 커지고 주가가 오르며, 주식 투자자는 배당금이나 매매차익으로 이윤을 나눠 가질 수 있다.

노동으로만 돈을 버는 것에는 한계가 있다. 물론 노동은 사업이나 투자에 비해서는 안정적이지만, 시간이 모두에게 공평히 24시간인 상황에서 노동에만 의존할 수는 없다. 본질적인 해결책은 레버리지를 이용하는 것인데, 대표적인 방법이 사업 혹은 투자다.

만약 사업을 할 생각이라면 남들은 어떤 식으로 레버리지를 활용하는지 면밀하게 관찰할 필요가 있다. 매출은 어떻게 나오는지, 사업이 어떤 식으로 흘러가는지, 비용 통제는 어떻게 하고 인력은 어떤 식으로 선발하는지, 경영 지도자들은 어떤 방식으로 경영하는지, 마케팅은 어떻게 하는지 등을 파악하며 사업이 잘되는 기업과 지지부진한 기업의 차이를 안다면, 내 사업을 꾸릴 때 도움이 된다. 주식 투자 공부를 하다 보면 자연스럽게 재무 관련 지식도 습득하게 되는데 이 또한 나중에 사업을 할 때 도움이 된다.

사업이 아니라 투자를 할 생각이라면 주식이 적합하다. 주식 투자는 시간과 장소의 구애를 받지 않고 목돈이 들지 않기 때문에 진입 장벽이 낮다. 또한 투자 기간을 길게 잡고 접근하는 경우엔 처음에 투자한 이유가 훼손되지 않는 한 시간을 많이 투자하지 않아도 된다. 주식 공부를 하면서 전반적인 경제와 산업 공부까지 할 수 있는 것은 덤이다. 본업에도 도움이 될 수 있다. 주식 공부를 하다 보면 거시경제, 업황, 기업의 사업 구조, CEO의 성향 등 정말 많은 것이 얽혀 있다는 사실을 깨달을 것이다. 나무보단 숲을 보는 능력을 기르게 된다. 자연스럽게 본업을 할 때도 내게 주어진 일만 하는 것이 아니라 전체적으로 숲을 볼 수 있는 능력을 기를 수 있다.

이러한 이유로 나 역시 수많은 선택지 중에 주식 투자에 집중했다.

빚을 지지 않는 것이 더 위험하다

빚을 지는 것보다 빚을 지지 않는 것이 더 위험한 이유는 이렇다. 우리나라는 가계 자산이 부동산에 편중돼 있고, 부동산은 주택담보대출부터 갭투자까지 레버리지를 최대한 활용할 수 있는 자산이다. 서울 부동산은 지난 25년간 연평균 6.7% 상승한 반면 미국 S&P500은 같은 기간 연평균 9% 상승했다. 그럼에도 불구하고 부동산 투자로 자산을 이루기가 더 쉬웠다. 레버리지를 크게 활용할 수 있었기 때문이다. 특히 갭투자는 자본이 거의 없어도 할 수 있다. 10배, 혹은 그 이상의 레버리지로도 투자가 가능한 것이다.

해외 주식 투자는 아직 보편화되지 않았고 국내 주식은 우상향하는 자산이 아니기 때문에 마땅한 투자처가 없던 우리나라는 부동산으로 투자금이 흡수되었다. 이로 인해 부동산은 꾸준히 우상향했고 레버리지를 극대화했던 사람들은 크게 수혜를 봤다.

물론 지나친 레버리지로 재기할 수 없을 만큼 크게 실패할 수도 있다. 하지만 레버리지를 활용하지 않는다면 자산 증식에 있어 매우 불리하다. 예를 들어 A는 5년간 꼬박꼬박 모은 1억 원을 이율 4%의 예금에 넣었다. B는 한 푼도 모으지 않았지만 이율 5%로 1억 원을 대출받아서 25년간 연평균 9% 수익률을 내는 S&P500 지수 추종 ETF에 투자했다. 계산해보면 이 둘의 자산 증식 속도는 거의 같다. B는 레버리지를 활용해서 5년이라는 시간을 단축할 수 있었던 것이다.

용기가 나에게 가르쳐주었다.
위기가 아무리 심각해도 건전한 투자는 반드시 결실을 맺는다는 것을.
Courage taught me no matter how bad a crisis gets
(……) any sound investment will eventually pay off.

카를로스 슬림 헬루 *Carlos Slim Helu*

멘털, 투자를 위한
마음 준비

마음이 편해야 투자가 잘된다

투자는 목적이 아닌 수단일 뿐

주식 투자를 왜 하는가? 궁극적으로 행복하기 위해서다. 따라서 주식 투자를 할 때 추구해야 하는 목표는 크게 2가지다. 첫 번째, 내 삶을 갉아먹지 않아야 하며, 투자 과정에서 불행해지면 안 된다. 두 번째, 시간과 돈을 모두 확보할 수 있어야 한다. 주식 투자의 목적에 대해 항상 상기해야 한다. 그러지 않으면 행복이라는 목적을 잊고 투자 자체에만 몰두하며 삶이 피폐해질 수 있다.

투자를 하다 보면 수많은 유혹에 시달린다. 내 돈을 노리는 수많은 하이에나들이 옳지 못한 방법으로 꼬드긴다. 나만의 원칙이 없으면 이런 유혹에 쉽게 휘둘릴 수 있다. 가령 테마주는 기업 실적에 상관없이 이슈에 따라 주가가 움직인다. 정치테마주는 총선, 대선 지지율이나 결과에 따라 주가가 요동친다. 주식을 조작하는 세력이 있는지는 정확히 모르겠다. 하지만 시가총액이 작은 종목들 위주로 주가를 띄우려고 긍정적인 기사를 내거나 여론을 형성하는 일들이 종종 보인다. 이런 테마주에는 접근하지 않는 것이 좋다.

불법적인 주식 리딩방도 판을 친다. 카카오톡 오픈채팅방이나 유튜브 등을 통해 불특정 다수에게 투자 조언을 해주며 사람들을 끌어모은다. 그러고는 규모가 작은 주식을 사두고 추천하여 매수를 유도하고, 주가가 오르면 매매차익을 거두는 식으로 이익을 챙긴다. 최근에도 구독자 50만 명이 넘는 유튜버가 선행 매매한 주식을 추천하고 되판 혐의로 구속되기도 했다. 한편으로는 회원 가입비를 받기도 한다. 이런 사례들이 아주 많기 때문에 내게 필요한 정보를 판별할 줄 알아야 하고, 다른 사람 말만 믿고 투자해서는 절대로 성공할 수 없다.

게다가 주식은 매분 매초마다 가격이 변한다. 주식을 매수하고 매도하는 과정에서 얻어지는 즉각적인 보상이 도파민 분비를 유도한다. 도파민이 과다하게 분비되면 내성이 생기고, 더 많은 쾌락을 원하게 되면서 단기 투자의 유혹에 이끌린다.

물론 단기 투자가 훌륭한 선택지가 될 수도 있다. 하지만 분 단위로, 하루 단위로, 혹은 주 단위로 하는 단기 투자는 매매를 하기 위해 많은 시간을 할애해야 한다. 그러면 본업에 충실할 수 없으며 그러잖아도 부족한 시간은 더더욱 부족해진다. 주가의 오르내림에 따라 감정 기복도 심해지기 때문에 주변을 챙길 여력도 없고 나 자신까지 갉아먹게 된다.

열심히 하는 것보다 어떤 방향으로 노력하는지가 더 중요하다. 최소한의 시간으로 최대한의 성과를 내는 것이 주식 투자의 방향이 되어야 한다.

주식 투자는 정신 수양이다

주식 투자를 하면서 도파민에 의존하는 것은 아닌지, 항상 자신을 돌아봐야 한다. 해야 할 일이 있음에도 주식장을 끊임없이 보거나, 내가 투자한 주식 가격이 변동성이 낮을 때 지루하다고 느끼는 것을 경계해야 한다. 내가 투자한 종목에 무조건적인 믿음을 갖는 것도 위험하다.

만약 손실이 나더라도 만회를 위한 투자는 금물이다. 주식 투자라는 행위에 집중하지 말고 어떻게 하면 수익을 낼 수 있을지 고민해야 한다. 그러기 위해서는 가장 본질적인 질문을 해야 한다. 내가 투자한 기업이 사업을 잘하고 있는가? 사업의 전망은 괜찮은가? 현재 시장에서 투자자의 심리는 어떠한가? 덧붙여 나는 주식 투자에 얼마나 많은 시간과 노력을 할애하고 있는지, 주식을 목적이 아닌 레버리지 수단으로 생각하고 있는 것인지 주기적으로 자문해봐야 한다.

쾌락주의로 알려진 철학자 에피쿠로스는 행복이란 몸의 고통이나 마음의 혼란으로부터의 자유라고 말했다. 주식 투자를 하면서 매일 매순간 주가에 얽매이게 된다면 마음의 혼란은 가중되고, 더 불행한 삶을 살 수 있다. 그래서 마음 편한 투자가 중요하다. 처음에는 주가 변동에 마음이 요동칠 수 있다. 주가 변동은 자연스러운 일이라고 인정하고 마음 편한 투자를 추구해나가면 본업과 동시에 투자도 챙길 수 있을 것이다.

물론 말처럼 쉽지가 않다. 시시각각 가격이 변하는데 안 보기가 어렵다. 해결책은 다른 곳으로 관심을 옮기는 것이다. 본업으로 수익을 더 올리거나 부업으로 수익을 낼 수 있을지 찾아보는 것이다. 이렇게 하면 수익원을 다양하게 만들면서도 주식 투자에 과도하게 몰두하는 것을 막을 수 있고, 현금흐름이 좋아지니 시장이 나빠져도 더 오래 버틸 수 있게 된다.

무의미하게 주식 차트를 보는 시간을 줄이고, 투자하면서 생기는 불필요한 감정 기복이나 스트레스를 줄일 수 있다면, 투자를 더 잘할 수 있다. 주식 투자를 하다 보면 마치 정신 수양을 하는 것과 같다고 느껴질 때가 있다. 내 마음을 정확히 들여다보고, 잘못된 길로 빠지지 않도록 노력하는 것은 주식 투자의 큰 부분을 차지한다.

주식 투자를 할 때 추구해야 하는 목표

- 내 삶을 갉아먹지 않아야 한다.
- 투자 과정에서 불행해지면 안 된다.
- 시간과 돈 모두 확보할 수 있어야 한다.

스토아철학이
내게 알려준 것들

주가를 결정짓는 가장 큰 요인은 사업의 성과와 전망, 심리다. 기관이든 개인 투자자이든 마찬가지다. 남들이 팔 때 사고, 살 때 팔 수 있어야 한다. 하지만 남들이 사거나 파는 상황이 기준이 되면 위험하다. 사업의 성과와 전망을 중점적으로 봐야 한다. 남들이 부정적으로 보더라도 그 부분에만 집중하기보다 전체적인 그림을 보면서 긍정적인 부분이 훼손되지 않았다면 우직하게 가는 것이 중요하다.

이처럼 사업을 평가할 때, 주가를 결정지을 때, 주식을 매매할 때 모두 심리적 요소가 포함된다. 그래서 주식 공부를 할 때 심리를 공부하는 것은 많은 도움이 된다. 주식 투자에 도움이 되는 심리 관련 학문으로 인지심리학, 행동경제학 등이 있고 철학 역시 도움이 된다.

나는 철학 중에서도 스토아철학에서 도움을 많이 받았다.

스토아철학의 대표적인 철학자 에픽테토스는 통제할 수 있는 것과 통제할 수 없는 것을 구분한다. 인생을 살아가는 동안 내가 통제할 수 있는 것에만 집중하고 통제할 수 없는 것에는 미련을 두지 않는 것이 지혜라고 이야기한다. 불행은 우리 뜻대로 되지 않는 것을 통제하려는 데서 시작된다는 것이다.

나는 에픽테토스의 말을 주식 투자에 적용하려 노력했다. 예를 들면 나의 심리는 내가 통제할 수 있는 대상이다. 주식이 급등할 때 추격 매수하고 싶은 충동, 손실을 회피하기 위해서 손절을 피하는 심리 등이 포함된다. 반면에 미국 기준금리가 어떻게 될지, 주가가 어떤 시기에 반등할지 등은 내가 통제할 수도 없고 알 수도 없다.

우리는 매일 수백, 수천 가지 결정을 내린다. 아침에 무슨 옷을 입고 나갈지, 점심에 무엇을 먹을지 같은 사소한 결정부터 어떤 주식을 살지, 언제 살지, 현금 비중은 어떻게 할지 등등. 정신을 똑바로 차리고 하나하나 장단점을 비교해가며 논리적인 선택을 할 때도 있지만, 효율적인 결정을 위해 경험이나 직관을 사용하기도 한다. 이때 비논리적인 추론으로 잘못 판단하는 인지편향에 휘둘리기 쉽다. 투자를 처음 시작할 때는 더더욱 그렇다. 그렇기에 투자 과정에서 발생할 수 있는 인지편향에 어떤 것들이 있는지 아는 것은 중요하다.

손자병법엔 '지피지기 백전불태'라는 구절이 있다. 적을 알고 나를 알면 백 번 싸워도 위태로움이 없고, 적을 알지 못하고 나를 알면 한 번 이기고 한 번 지며, 적을 모르고 나를 모르면 싸움마다 반드시 위태롭다는 뜻이다. '나'를 안다는 것은 나의 인지편향을 아는 것이기도 하고, 그래야 나의 심리를 통제할 수 있게 된다.

당신이 통제할 수 있는 것들

즉각적인 보상 기대하지 않기

우리는 즉각적인 보상을 좋아한다. 그래서 성과를 내기까지 시간이 오래 걸리는 운동이나 독서, 무언가를 배우는 행위보다 곧바로 즐거움을 느낄 수 있는 게임이나 술, 군것질 등에 더 끌리게 마련이다. 주식도 그렇다. 즉각적인 보상을 추구해서 단기 투자, 혹은 분초 단위로 매매를 하는 스캘핑(scalping)을 무한 반복하기도 한다. 테마주와 같이 상한가, 하한가가 나오는 종목 위주로 매매하기도 한다.

하지만 즉각적인 보상을 추구할 것이 아니라 지수 위주로 투자하거나 혹은 매매를 거의 하지 않는 장기 투자가 이롭다. 물론 군것질거리를 참고 샐러드를 먹으며 꾸준히 운동하기가 어렵듯이 즉각적인 보상을 포기하기는 어렵다. 하지만 그것이 우리가 추구해야 할 방향이다.

국가의 미래 전망하기

국가의 미래는 예측 가능한 부분이 있다. 예를 들어 아프리카 국가들이 10~20년 내로 미국을 뛰어넘기는 힘들 것이다. 나라별로 토대가 되는 산업 구조가 있고, 경제 체제나 인구 구조, GDP 등이 있기 때문에 이를 기반으로 예측할 수 있다.

국가나 산업, 개인 모두 관성이 존재한다. 이 관성은 규모가 클수록 깨뜨리기 어렵다. 개인의 습관은 비교적 쉽게 바꿀 수 있지만 국가의 관성은 갑자기 바꾸기가 어렵다. 예를 들면 미국이 갑자기 공산주의 체제로 가기는 어려울 것이다. 우리나라 역시 제조업 중심에서 갑자기 관광업 중심으로, 혹은 수출 중심에서 내수 중심으로 산업 구조를 바꾸기는 어려울 것이다.

이러한 관성에 기반해서 전망을 하는 것이다. 인구 구조로 보면 우리나라는 그리 좋은 투자처가 아니다. 4대 보험을 포함한 우리나라의 사회보장 시스템이나 국가의 성장에는 인구가 기여한 면이 크기 때문이다. 그래서 나는 해외 자산에 투자하기를 권한다.

산업 업황 전망하기

산업 또한 전망할 수 있다. 몇 가지 예시를 들어보자.

① 전기차는 앞으로 10~20년 뒤를 본다면 중간중간 부침은 있겠지만 결국 점유율이 더욱 확대될 것이다.

② 스마트폰은 성장 산업에서 성숙 산업으로 변모했다. 하지만 인공지능이 확대되면서 성능이 향상되면 일시적으로 교체 수요가 증가할 가능성이 커졌다.

③ 향후 10년간 철도 사업은 없어지지 않을 것이다.

④ 10~20년 뒤 화석연료 관련 산업은 비중이 축소될 것이다.

⑤ 신재생에너지가 각광을 받고 있지만 인프라 등으로 시장 확장에 어려움을 겪고 있는 상태다. 하지만 10년 뒤엔 많은 부분이 신재생에너지로 대체되어 있을 것이다.

⑥ 인구의 고령화로 치매나 암 환자의 수 또한 증가할 것이고 관련 약제의 역할은 더 중요해질 것이다.

⑦ 인공지능이 발달하면서 더 많은 데이터를 취급하게 되고, 그 과정에서 데이터 처리 관련 산업이나 사이버 보안 관련 산업도 함께 발전할 것이다.

⑧ 세계은행에 따르면 전 세계 생산가능인구는 증가하지 않을 것이

고, 특히 선진국에서 감소하여 생산성을 높일 수 있는 로봇 산업 등에 자본이 몰릴 것이다.

⑨ 흡연율이 감소함에 따라 전통적인 담배의 수요가 감소하고 있지만, 대체재인 전자 담배나 니코틴 파우치 등의 수요는 증가할 것이다.

⑩ 네트워크 기술이 점점 더 발달하면서 빠른 통신 속도를 요구하는 메타버스나 AR(Augmented Reality), 원격 수술 등 또 다른 시장이 열릴 가능성이 커질 것이다.

이런 식으로 전망해보면서 산업을 공부하고 관련 기업들을 찾아보며 투자 공부를 할 수 있다. 특정 산업이 언제까지 잘될 것이고, 하락하거나 반등할지 구체적으로 알 수는 없지만 사이클의 어디쯤일지는 예측할 수 있다. 2020년 코로나19가 시작되면서 재택 근무가 활성화되자 PC나 스마트폰 교체 수요가 크게 증가했다. 2020~2021년에 한꺼번에 많은 사람들, 회사들이 전자기기를 구입하면서 반도체 산업에도 호황이 찾아왔다. 하지만 살 사람들이 다 사고 나자 2022~2023년엔 불황이 찾아왔다.

정확히 사람들이 스마트폰을 언제 교체할지는 예측할 수 없다. 스마트폰을 교체하지 않고 적당히 수리해서 쓰는 기간이 얼마나 지속될지는 순전히 사람의 심리에 달려 있기 때문이다. 게다가 인공지능이 스마트폰에 적용됐을 때 교체 수요가 어떻게 요동칠지는 더더욱 예측하기 어렵다.

그런데 스마트폰을 4~5년 넘게 사용하기란 쉽지 않다. 스마트폰 교체 주기는 보통 2~3년이다. 따라서 2020~2021년에 스마트폰을 산 사람들이 이제는 점점 교체하기 시작할 것이라는 점은 예측할 수 있다.

기업이 사업을
잘 운영하는지 살펴보기

주식의 역할은 기업이 사업을 운영할 자금을 마련하는 데 도움을 주는 것이다. 또한 주주는 기업 재산의 실질적인 주인이다. 기업이 잘되면 그만큼 많은 배당금을 받을 확률이 높아지고, 주주들은 보유한 지분에 비례해서 배당금을 받는다. 기업 가치가 상승해서 주가가 오르면 매매차익도 기대할 수 있다.

기업은 사업을 계속하기 위해 운영되는 것이므로 사업이 잘되고 있는지 판단하는 일이 중요하다. 사업이 잘 이루어지는지 판단하기 위해선 기업의 재무제표나 사업 전략이나 CEO 등의 성향을 참고할 수 있다.

재무제표 분석하기

실적은 후행적인 지표다. 이전 분기에 매출이 얼마였고, 영업이익은 얼마였는지 사업보고서에 다 나와 있다. 그래서 사업이 잘되고 있는지 아닌지 알 수 있다. 재무상태표로는 부채가 과도한지 아닌지를 알수 있다. 부채가 과도하거나 아직 실제로 들어오는 수입이 없다면 금리가 급격히 올랐을 때 사업을 계속 영위하기 쉽지 않은 상태가 될수 있다.

아무리 미래가 장밋빛이라도 현재 재무제표가 부실하면 투자하지 않는 것이 좋다. 세상은 변화무쌍하고, 사업이 제대로 흘러가지 않을 가능성은 언제나 존재한다. 사업 전망과는 별개로, 미래는 예측할 수 없기 때문에 오랜 기간 버틸 수 있는 힘이 필요하다. 그 힘은 사업에서 현금흐름이 일어나는가, 부채가 과도하지는 않은가, 쌓아놓은 현금이 어느 정도인가 등의 요소로 이루어져 있다.

훌륭한 주식 투자자들이 말하듯이 수익을 극대화하는 전략보다는 손실을 줄이는 전략이 더 중요하다. 통제가 가능하기 때문이다. 재무제표를 봤을 때 불안해 보이는 기업에 투자하지 않으면 손실을 피할수 있다. 재무제표가 안정적인 기업 중에 유망한 기업들이 많기 때문에 굳이 위험을 부담할 필요는 없다.

| 위험 관리

내 돈을 안정적으로 예적금에 넣을지, 채권에 투자할지, 혹은 주식이나 부동산에 공격적으로 투자할지는 우리가 스스로 선택할 수 있다. 자산 배분은 중요하다. 주식 종목이나 매매 타이밍을 선택하는 것보다 자산 배분이 성과에 더 많은 영향을 미친다. 원칙이 하나 있다면, 감당할 수 없을 만큼 빚을 지면 안 된다는 것이다.

안전을 지향하거나 조만간 목돈이 필요하다면 예금과 적금의 비중을 높게 유지할 수 있다. 아니면 위험을 감수하고 수익을 내고 싶다면 주식이나 부동산의 비중을 늘릴 것이다. 나는 경제활동을 오래 할 수 있는 2030세대는 보다 공격적인 투자를 하는 것이 좋다고 생각한다.

주식처럼 변동성이 큰 자산은 처음에는 손절 타이밍을 놓치기도 하고 충동적으로 추격 매수를 하는 등 많은 실수를 겪게 될 수 있다. 그 과정을 통해 하나하나 배워간다면 실수가 줄어들고 그만큼 투자 성과도 좋아질 것이다. 하지만 나이가 있다면 이 과정엔 위험이 따른다. 손실을 만회하고 다시 일어서기가 어려울 수 있기 때문이다. 그래서 나이가 있는 경우엔 현금을 보유한 상황에서 인덱스 펀드나 배당 위주의 주식에 투자하는 것이 맞는다. 젊지만 변동성을 감당하기가 어려운 성향이거나 투자 기간이 쌓여도 계속 매매 실수를 하며 손실이 난다면 현금 비중을 늘리고 지수 위주로 투자하는 등 안정적인 투자를 하는 것이 낫다.

성향뿐 아니라 시장 상황에 따라서도 자산을 다르게 배분할 수 있다. 예를 들어 주식 시장이 과열된 상태라면 현금 비중을 늘릴 수 있다. 과열된 주식 시장이 조정을 받을 때는 대응하기에 이미 늦다. 대응보단 대비를 해야 한다.

나의 재무제표 탄탄하게 하기

투자할 기업을 찾을 때 재무제표를 보는 것처럼 한 사람이 재정적으로 괜찮은지를 볼 때도 같은 기준을 적용할 수 있다. 기업이 제조 공정의 효율을 높이거나 인건비, 마케팅 비용 등을 통제하는 것처럼, 나도 일의 효율을 높이거나 소비를 통제해서 나가는 돈을 줄이고 있는지 확인하자. 기업의 건전성을 볼 때 부채 비율을 따지는 것처럼 나 또한 빚이 너무 많은 것은 아닌지 생각해봐야 한다. 언제 어떤 일이 일어날지 모르기 때문이다. 그렇다고 아예 빚을 지지 않는다면 자금 운용을 효율적으로 할 수 없다. 반면에 쌓아둔 현금이 많을수록 좀 더 공격적으로 투자해도 버틸 수 있다.

소득을 높이는 것은 주가가 오를 때까지 버틸 수 있는 힘이 되기에 매우 중요하다. 어떤 종목이 결국엔 오를 것이라고 전망할 수는 있어도 오르는 시점을 구체적으로 예측하기란 불가능하다. 그렇기에 더더욱 얼마가 될지 모르는 기간을 버티는 것은 중요하다. 그래서 젊은 시절에는 내가 통제할 수 있는 것과 없는 것을 구분하며 시간을 밀도 있게 써야 한다. 해야 할 일들이 많기 때문이다. 많이 공부해야 하고, 소득을 올리는 데도 집중해야 한다.

수익률보다 모으기에 집중하기

주가가 얼마나 오르고 얼마나 떨어질지는 아무도 모른다. 그렇기 때문에 수익률을 설정하는 것은 의미가 없다. 수익률은 우리가 통제할 수 없는 영역이다. 어느 가격 이하에서 매수하겠다거나 어느 가격 이상에서 매도하겠다는 목표 역시 무의미하다. 그 가격은 영영 오지 않을 수도 있다.

다만 우리는 주식을 얼마나 모아갈지 정할 수 있다. 이 주식을 어느 정도의 비중으로 가져갈지, 그리고 비중을 늘릴 것인지 아니면 줄일 것인지 정할 수 있다. 만약 나스닥 추종 ETF인 QQQ를 적립식으로 매수하기로 마음먹었다면, '한 달에 10주씩 사겠다'는 식으로 정하는 것이다. 매매 타이밍을 정확히 알기 어렵기 때문에 주식 수량이나 매수 금액 등을 정해 투자 목표로 잡는 것이 좋다.

이 전략이 보다 유효한 이유 중 하나는 시드 머니에 집중하는 것이 수익을 올리기 좋기 때문이다. 시드 머니 100만 원에 수익률 10%면 10만 원밖에 안 되지만, 1,000만 원에 10%라면 100만 원이다. 투자 규모가 커질수록 수익은 커지고, 투자 규모를 늘리는 것은 우리가 통제할 수 있는 부분이다.

당신이 통제할 수 없는 것들

거시경제 예측하기

우리는 거시경제를 예측할 수 없다. 예를 들어 기준금리가 어떻게 될지는 중앙은행 총재도 모른다. 기준금리를 결정하는 가장 큰 요소는 물가 상승률인데, 물가를 구성하는 요인은 수없이 많다. 원자재 가격이 어떻게 될 것이고, 주택 가격은 어떻게 될 것인지 그 모든 것을 종합해서 기준금리 인상 혹은 인하 여부를 예측하는 것은 불가능하다. 만약 전쟁이라도 터져 수급이 엉망이 되면 유가를 포함한 물가가 크게 오를 수도 있고, 코로나19 같은 바이러스가 퍼져 경제활동이 갑작스레 중단될 수도 있다.

그래서 기준금리에 기반해 투자하는 것은 매우 위험하다. 예를 들면 기준금리 인하 기조이니 부채를 많이 져도 상관없다는 식의 투자가 있겠다. 또한 금리에 과도한 영향을 받는 기업은 금리 인하가 예상되더라도 피하는 것이 좋다. 당장 영업손실을 보고 있는데 쌓아놓은 현금은 없고 부채는 많으면서 미래의 꿈만 내세우는 기업들이 이 유형에 속한다.

경제학자들의 경기 예측도 너무 믿으면 안 된다. 국제통화기금은 세계 경제 전망을 매년 2~3회 발표하는데 매번 경제성장률 전망 수치가 달랐다. 2022년 1월 25일만 해도 2023년 경제성장률을 3.8%로 예측했으나, 석 달 뒤인 4월 19일엔 3.3%로 수정했다. 이처럼 공신력 있는 기관에서도 몇 달마다 전망치가 달라지는 것이 거시경제다.

지금 거시경제가 어떤 상황인지 파악하는 것은 중요하다. 그래야 자산을 배분하고 대비를 할 수 있기 때문이다. 하지만 섣불리 예측하고 그에 따라 자산을 배분하지는 말자. 금리가 인하될 것이라고 예측하고 대출을 많이 받아 부동산이나 주식에 투자하는 것이 그 예다. 예측과 달리 금리 인하 시기가 너무 늦어지거나 오히려 금리가 오른다면 타격이 크다. 금리가 오르더라도 버틸 수 있는 수준으로만 빚을 져야 한다. 기업을 분석할 때도 마찬가지다. 부채 비율이 높아도 당장은 금리가 낮아 금융비용이 많이 들지 않더라도, 앞으로 금융비용이 많이 나갈 수 있다는 것을 염두에 둬야 한다.

주의할 점은, 금리가 높다고 예적금만 하면 안 된다. 금리가 낮아지면 자산 가격이 크게 오르기 때문에 선점할 기회를 잃기 때문이다. 기업의 경우도 마찬가지다. 현금만 쌓아두고 부채를 지지 않는 것은 바람직한 사업 방향이 아니다.

반등과 하락 시점 예측하기

주식 시장이 언제 반등하고 하락할지, 경기가 언제 호황을 맞거나 침체될지 우리는 예측할 수 없다. 정확히 예측하는 것이 가능하다면 산업 사이클이 존재할 리가 없다. 산업 사이클은 미래의 수요와 공급을 예측하지 못해서 생기는 현상이다. 예를 들어 전기차 시장이 커질 때는 2차전지도 많이 생산한다. 하지만 인프라의 부족이나 보조금과 같은 정부 정책의 변화 등으로 전기차 시장이 정체되는 순간이 오면 2차전지도 과잉 공급으로 기업들은 손실을 입게 된다. 예측이 가능하다면 이런 상승과 하락의 사이클은 존재하지 않는다.

주가가 폭락할 때 조금 더 떨어질 때까지 기다렸다 사야겠다고 생각하는 사람들이 많다. 폭락하는 장에는 사자마자 손실을 입을 확률이 크기 때문인데, 손실을 두려워해선 안 된다. 어차피 우리는 반등 타이밍을 정확히 알 수 없다. 주가가 폭락하는 상황에서 바로 손실을

2-1 2023년 외화증권 투자 순매수 결제 순위

순위	국가	종목 코드	종목명	매수 결제	매도 결제	순매수 결제
1	미국	US254···	DIREXION DAILY 2+ YEAR TREASURY BULL 3%···	3,338,232,505	2,224,109,939	1,114,122,566
2	일본	JP3049···	ISHARES 20+ YEAR US TREASURY BOND JPY HEDGE···	641,613,148	195,214,487	446,398,661
3	미국	US808···	SCHWAB US DIVIDEND EQUITY ETF	739,718,918	347,572,703	392,146,215
4	미국	US464···	ISHARES 20+ YEAR TREASURY BOND ETF	1,240,174,403	856,943,738	383,230,665
5	미국	US743···	PROSHARES ULTRAPRO SHORT QQQ ETF	7,032,661,201	6,657,290,014	375,371,187
6	미국	US254···	DIREXION DAILY SEMICONDUCTOR BEAR 3× ETF	8,192,952,089	7,888,571,955	304,380,134
7	미국	US756···	REALTY INCOME CORP	548,105,338	255,964,001	292,141,337
8	미국	US464···	ISHARES 20+ YEAR TREASURY BOND BUYRWITE	668,067,811	394,668,896	273,398,915
9	미국	US462···	IONQ INC	2,210,911,385	1,971,677,663	239,233,722
10	미국	US254···	DIREXION DAILY TSLA BULL 1.5× SHARES	2,211,658,646	2,030,254,091	181,404,555

자료: SEIBro

입을 수 있음에도 주식 시장에 대한 믿음이 있다면 분할 매수하는 것이다. 길게 보면 오를 것이라는 믿음을 갖고 투자하면 된다.

타이밍을 예측하려는 시도는 마음도 갉아먹는다. 그러다 보면 매매 과정에서 실수할 확률도 커진다. 투자를 하면서 본업에 집중하기 어렵다면 투자 방식을 고민해봐야 한다.

〈2-1〉를 보자. 순매수 결제 순위 5위와 6위에 해당하는 PROSHARES ULTRAPRO SHORT QQQ ETF 그리고 DIREXION DAILY SEMICONDUCTOR BEAR 3×ETF는 미국 증시에 상장된 ETF다. 각각 미국 나스닥 지수와 필라델피아 지수 일일 수익률을 3배 역추종한다. 이러한 ETF들이 상위권을 차지하고 있다는 것은 인버스 ETF에 투자하는 사람이 매우 많다는 뜻이다.

하지만 기본적으로 나스닥 지수나 필라델피아 지수는 수십년 동안 우상향했다. 그럼에도 불구하고 그 사이사이의 조정장을 예측하고 투자하는 사람들이 많은 것인데, 이런 경우 단기 투자가 대부분이라 매수·매도 결제량이 순매수결제 상위권에 포진한 다른 종목들보다 많다.

순매수결제에서 상위 순위를 차지하고 있다는 것은 매수해놓고 매도하지 않는 사람들도 많다는 의미다. 게다가 순매수결제 금액 또한 많다. 이는 정확한 하락·반등 타이밍을 잡으려는 사람들이 많다는 뜻이다. 부디 이 책을 읽는 당신은 이러한 실수를 하지 않았으면 좋겠다.

그 외 통제할 수 없는 것들

아무리 공부해도 알 수 없는 것들이 있다. 예를 들면 정치 테마주에 투자하며 정치 판도를 파악하는 일이다. 대선에서 누가 이길지는 파악하기 어렵다. 막판에 지지율이 뒤집히는 현상은 흔한 편이다. 만약 정치 테마주에 투자한다면 누구도 관심이 없는 시기에 어떤 종목이든 매집했다가 총선이나 대선 직전에 매도하는 전략이 그나마 유효해 보인다. 하지만 내가 선택한 종목이 추후에 테마주로 꼭 엮이리라는 법은 없기 때문에 이 또한 위험 부담이 따른다.

또한 어떤 소송에서 이길지 여부도 예측하기 어렵고 인상시험 결과가 좋게 나올지 여부도 판단하기가 어렵다.

우리는 왜 유튜버를
신뢰할까

다양한 정보에 대한 접근이 용이해지면서 요즘은 정보의 불균형이 많이 사라졌다고 생각할 수 있지만, 나는 그렇게 생각하지 않는다. 오히려 정보의 불균형은 점점 더 심해지고 있다. 앞으로도 정말 필요한 정보만을 선별하기는 더더욱 어려워질 것이다.

구글링을 해도 필요한 정보를 한 번에 찾기가 쉽지 않다. 인공지능 시대가 오면서 정보 찾기는 오히려 더 힘들어졌다. 새로운 정보를 창출해내는 것이 아니라 기존의 정보로 콘텐츠를 만들기 때문이다. 기존에 퍼져 있는 정보가 끊임없이 다시 양산되고 있기 때문에 무엇을 검색해도 똑같은 정보만 반복해서 나온다. 고품질의 최신 정보가 아니라 자극적이고 영양가 없는 정보가 더 빨리 퍼지고, 정보가 난무하기 때문에 신뢰할 수 있는 정보는 오히려 찾기 어려운 세상이다.

꼭 필요한 정보를 선별해내는 과정의 난도가 점점 높아지고 있다. 그렇기 때문에 정보를 선별해내는 사람들이 중요해졌고, 사람들은 이들에 현혹되곤 한다. 유튜버를 맹신하기도 하고 주식 리딩방에 가입하기도 한다. 스스로 정보를 찾는 대신, 찾아주는 사람을 찾아다닌다. 정보를 찾아주는 것만 기대하면 그나마 다행이다. 사야 할 종목을 알려주길 기대한다.

특히 주식 리딩방은 백해무익하다. 유튜버 또한 자신의 이익을 추구하는 사람들이고, 정확한 정보 전달이 주요 수익 모델이 아니다. 얼마나 많은 이들이 조회해서 얼마나 오래 영상을 보느냐가 중요하다. 그래서 최대한 자극적인 정보들을 갖고 온다. 심하면 정보를 조작하거나 선취매 등 사기를 범하기도 한다. 주식 리딩방이나 유튜버를 통해 정확한 정보를 찾기는 힘들다. 그래서 정보 위주로 매매하면 실수할 확률이 커진다. 매매 수수료 때문이 아니더라도 매매 횟수를 최대한 줄여야 하는 이유 중 하나다.

또한 똑같은 정보라도 상황과 맥락에 따라 시장이 긍정적으로 받아들이기도 하고 부정적으로 받아들이기도 한다. 주식 시장이 활황이면 웬만한 정보는 낙관적으로 해석되고 부정적인 정보들은 상대적으로 소외된다. 낙관적인 정보들만 끊임없이 양산되다 보니 사람들은 시장이 계속 오를 것이라고 착각하고 빚을 크게 내서 투자하기도 한다. 반면 시장이 침체되면 부정적인 정보들만 주목받는다. 지금의 경기 침체가 영원히 지속될 것이라는 착각으로 인해 인버스 투자 금액이 늘어난다. 예를 들어 테슬라 주가가 오를 때 사람들은 일론 머스크의 대단한 경영 능력에 초점을 맞춘다. 하지만 주가가 내릴 때는 머스크의 경영 능력을 의심하면서 오너 리스크가 부각된다.

처음에는 주식 공부가 막막하기 때문에 유튜브부터 볼 수 있겠지만, 여기 의존하지 말고 정확한 정보를 찾는 힘을 길러야 한다.

내가 무엇을 가지고 있는지, 그리고 왜 가지고 있는지 알아야 한다.
Know what you own, and know why you own it.

|

피터 린치 *Peter Lynch*

기본, 가장 현실적인
주식 공부법

S급 정보는
의외로 가까이 있다

기업을 알려면 홈페이지부터

모든 정보는 매체들을 통해 왜곡될 수 있고, 주관적 해석이 덧붙여진다. 어떤 기업에 대해 다른 사람들의 의견을 듣는 것도 물론 도움이된다. 그들의 논리가 얼마나 합리적인지, 실제로 주가는 어떻게 형성되는지 살펴보며 투자 실력을 키울 수 있다. 하지만 이 모두는 그 기업에 대해 정확히 아는 일에서부터 출발한다.

기업을 공부할 때 내가 가장 먼저 확인하는 것은 기업 홈페이지다. 이 기업이 무얼 파는지, 제공하는 서비스가 무엇인지 쭉 살펴본다. 가령 애플은 맥부터 아이패드, 아이폰, 애플워치, 애플비전, 애플TV 등

Where thoughtful ingenuity meets precise technology

Intuitive advances minimally invasive care by innovating at the point of possibility. For nearly three decades we've created products and services born of inspiration and intelligence—from robotic-assisted surgical systems to data generation that unlocks the potential to benefit care systems worldwide.

We work closely and collaboratively with our customers to help achieve better outcomes, better care team experiences, better patient experiences, and lower cost of care. Together, we envision a future of care that's less invasive, profoundly better, and where diseases are identified early and treated quickly so patients can get back to what matters most.

자료: 인튜이티브 서지컬

을 판다. 기업 소개 메뉴에도 많은 정보가 있으니 들어가서 쭉 한 번 훑어본다.

〈3-1〉을 보자. 로봇 수술 시스템 회사 인튜이티브 서지컬(Intuitive Surgical) 홈페이지에 나오는 기업 소개 내용이다. 제목은 '독창성과 정밀한 기술이 만나는 곳'. 내용을 읽어보면 최소 침습 치료(minimally invasive care) 기술을 발전시켰고, 30년 가까이 로봇을 이용한 수술 시스템을 만들어왔으며, 전 세계 의료 시스템에 기여할 데이터 생성에도 관여하는 회사다.

여기서 우린 인튜이티브 서지컬이 그저 로봇 수술 장비만 만드는 회사가 아니라 로봇 수술을 이용해 데이터를 창조해내는 것까지 사업으로 보고 있다는 것을 알 수 있다. "we envision a future of care that's less invasive"에서는 최소 침습 치료를 추구한다는 점을 알 수

3-2 인튜이티브 서지컬의 로봇 수술 시스템

12M+
Procedures performed worldwide through 2022 using da Vinci systems

70
Countries with da Vinci systems

7,500+
Da Vinci systems around the world

16.8sec
How often a surgeon starts a procedure using a da Vinci system

자료: 인튜이티브 서지컬

있고, "where disease are identified early and treated quickly"를 통해 질병을 조기에 식별하고 신속하게 치료하는 것이 목표임을 알 수 있다.

짧은 내용이지만 우리는 인튜이티브 서지컬이라는 기업을 두 부분으로 나눠 평가해야 한다고 공부 방향을 세울 수 있다. 로봇 수술 시스템, 그리고 이로 인해 생성된 다양한 수술 데이터. 이처럼 공식 홈페이지에서 중심을 잡고 애널리스트들의 보고서나 여러 투자자의 분석 자료를 보면 예전과는 다르게 읽힐 것이다.

기업 소개에서 주요 제품 소개 영상과 제품 관련 데이터도 볼 수 있다. 〈3-2〉를 보면 2022년까지 인튜이티브 서지컬의 주요 제품인 다빈치 시스템으로 70개국에서 1,200만 건 이상의 수술이 이루어졌고, 전 세계에 7,500개 이상 납품되었으며, 16.8초마다 수술이 행해진다는 사실도 알 수 있다.

| 뉴스 말고 뉴스룸부터

규모 있는 상장 기업 대부분은 뉴스룸을 따로 운영한다(3-3). 〈3-4〉는 애플의 뉴스룸에서 볼 수 있는 보도자료로 온실가스 배출량을 줄

3-3 애플 홈페이지 사이트 맵

Shop and Learn	Account	Apple Store	For Business	Apple Values
Store	Manage Your Apple ID	Find a Store	Apple and Business	Accessibility
Mac	Apple Store Account	Genius Bar	Shop for Business	Education
iPad	iCloud.com	Today at Apple		Environment
iPhone		Group Reservations	For Education	Inclusion and Diversity
Watch	Entertainment	Apple Camp	Apple and Education	Privacy
Vision	Apple One	Apple Store App	Shop for K-12	Racial Equity and Justice
AirPods	Apple TV+	Certified Refurbished	Shop for College	Supply Chain
TV & Home	Apple Music	Apple Trade In		
AirTag	Apple Arcade	Financing	For Healthcare	About Apple
Accessories	Apple Fitness+	Carrier Deals at Apple	Apple in Healthcare	Newsroom
Gift Cards	Apple News+	Order Status	Health on Apple Watch	Apple Leadership
	Apple Podcasts	Shopping Help	Health Records on iPhone	Career Opportunities
Apple Wallet	Apple Books			Investors
Wallet	App Store		For Government	Ethics & Compliance
Apple Card			Shop for Government	Events
Apple Pay			Shop for Veterans and Military	Contact Apple
Apple Cash				

자료: 애플

3-4 애플의 뉴스룸에서 볼 수 있는 보도자료

업데이트
2024년 4월 18일

Apple, 온실가스 배출량 절반 가량 감축

재생 에너지 및 소재, 재활용에 대한 혁신이 환경 보호를 위한 Apple의 야심찬 목표를 추진하는 데 박차를 가하고 있다.

🔵 💬 ✉ 🔗

자료: 애플

3-5 애플 온실가스 배출량 감축에 대한 뉴스들

 Apple

온실가스 배출량 절반 가량 감축

Apple의 2024년도 환경 경과 보고서에 따르면, Apple은 2015년 이후 기업 운영으로 배출되는 온실 가스를 55% 이상 감축했다.

2일 전

애플, 10년 간 온실가스 배출 55% 줄여...부품 재활용 확대

'환경 경과 보고서' 발표...2030년까지 온실가스 75% 감축 목표 제품 배터리에 재활용 코발트·리튬 활용...포장 플라스틱도 줄여.

2일 전

애플 "지난해 2015년 대비 온실가스 배출량 55% 감축" ▪

애플은 2024년도 환경 경과 보고서를 통해 2015년 대비 지난해 온실가스 배출량을 55% 이상 줄였다고 19일 발표했다. 애플에 따르면 이번 탄소 감축은...

2일 전

자료: 구글

3-6 SK하이닉스 뉴스룸

자료: SK하이닉스

였다는 내용이다. 이렇게 보도자료가 나오면 〈3-5〉와 같이 언론사에서 기사를 낸다. 이처럼 보도자료 기반으로 끊임없이 기사가 생성되기 때문에 정보 선별에 어려움을 겪을 수 있다. 그러니 가장 신뢰할만한, 기업이 자체 발간한 보도자료를 보는 것이 좋다.

국내 기업을 예로 들면, SK하이닉스에서도 뉴스룸을 운영 중이다 (3-6). 반도체 산업에 대해서도 하나하나 친절하게 설명해주어 산업을 공부하기에도 좋다(3-7). 뉴스룸의 'PRESS'에서는 보도자료를 볼수 있어 투자에 꼭 필요한 소식들을 바로 접할 수 있다(3-8). 마찬가

3-7 반도체에 대해 알려주는 SK하이닉스 뉴스룸

[Global No.1 AI Company] SK하이닉스 AI 메모리 기술을 한눈에 - 종합편

HBM, PIM 등 SK하이닉스 글로벌 AI 제품 총망라

[FUTURE CITY] 메모리 반도체가 바꾸는 미래를 만나다!

미래 도시를 경험하는 가장 빠른 방법

새로운 가치를 창출하다! 서민석 TL이 알려주는 [반도체 후공정]

11편의 칼럼으로 톺아보는 반도체 후공정

[Global No.1 AI Company] 차세대 메모리 선점 기술, SK하이닉스의 CXL 솔루션

AI, 빅데이터에 필수인 CXL 인터페이스와 적용 제품

[Global No.1 AI Company] 세계 최고층 신기록 이어가는 SK하이닉스의 NAND

AI의 학습 능력을 가속하는 NAND의 역할

[Global No.1 AI Company] 서버용 D램 최강자, SK하이닉스의 DDR5

데이터센터 발전을 이끄는 DDR5의 역할

[Global No.1 AI Company] 컴퓨팅 패러다임 바꾸는 SK하이닉스의 PIM

연산 기능을 더한 스마트 메모리 PIM의 역할

[Global No.1 AI Company] 글로벌 시장 부동의 1위, SK하이닉스의 HBM

AI 시대, HBM의 역할과 개발 히스토리

[제3시선, 최고가 최고를 만나다 with 이한주] 데이터센터와 클라우드

데이터센터와 클라우드, 그리고 반도체

자료: SK하이닉스

지로 보도자료를 기반으로 기사들이 재생산되는 경우가 많다. 예를 들어 2024년 11월 24일자 보도자료를 보면 321단 낸드 양산에 관한 내용이 있고(3-9), 이를 기반으로 수많은 뉴스가 재생산된 것을 확인할 수 있다(3-10). 그런데 뉴스가 계속 양산되는 과정에서 정보는 왜곡될 수 있고, 검색 포털을 통해 찾아보다 보면 중복되는 내용을 여러 번 클릭하게 되면서 시간을 낭비하게 된다. 정보의 시작점인 SK하

3-8 보도자료를 볼 수 있는 뉴스룸의 PRESS

PRESS

SK하이닉스, TSMC와 손잡고 HBM 기술 리더십 강화

SK하이닉스는 차세대 HBM 생산과 어드밴스드 패키징 기술 역량을 강화하기 위해 대만 TSMC와 긴밀히 협력하기로 했다고 19일 밝혔다.

2024-04-19 | #2024보도자료

SK하이닉스, 美 인디애나 주와 첨단 후공정 분야 투자협약 체결

SK하이닉스는 미국 인디애나주(州) 웨스트라피엣(West Lafayette)에 AI 메모리용 어드밴스드 패키징 생산 기지를 건설하고, 퍼듀(Purdue) 대학교 등 현지 연구기관과 반도체 연구개발에 협력하기로 했다고 4월 밝혔다. 회사는 이 사업에 38억 7000만 달러(약 5조 2000억 원)를 투자─

2024-04-04 | #2024보도자료

SK하이닉스, 초고성능 AI 메모리 'HBM3E' 세계 최초로 본격 양산해 고객 납품 시작

SK하이닉스가 HBM 5세대 HBM3E D램에서도 AI 메모리 선도 기업의 위상을 공고히 한다. SK하이닉스는 초 고성능 AI용 메모리 신제품인 HBM3E를 세계 최초로 양산해 3월 말부터 제품 공급을 시작한다고 19일 밝혔다.

2024-03-19 | #HBM3E #2024보도자료

SK하이닉스, 가우스랩스와 국제학회에서 AI 기반 반도체 계측 기술 성과 발표

SK하이닉스와 가우스랩스가 25~29일 美 캘리포니아주 새너제이(San Jose)에서 열리고 있는 국제학회인 'SPIE AI 2024'에 함께 AI 기반 반도체 계측 기술 개발 성과를 발표했다고 29일 밝혔다.

2024-02-29 | #2024보도자료

자료: SK하이닉스

3-9 SK하이닉스 PRESS에 게시된 321단 낸드 양산 소식

🏠 · PRESS

SK하이닉스, 세계 최고층 321단 낸드 양산 돌입

4D NAND   2024보도자료

2024-11-21 | SK하이닉스

- 업계 최초 321단 1Tb TLC 낸드 개발… 내년 상반기 공급 예정
- '3-플러그' 공정 기술 도입해 적층 한계 돌파… 이전 세대 대비 성능 및 생산성 향상
- "AI 스토리지 경쟁력 강화, '풀스택 AI 메모리 프로바이더'로 도약"

자료: SK하이닉스

이닉스 공식 홈페이지를 먼저 살펴본다면, 보도자료를 미리 접할 수
있어 시간도 절약하고 더 정확한 정보를 찾아볼 수 있다.

또한 뉴스룸 페이지 하단의 'THE SERIES'는 이해하기 쉬우면서
도 전문성이 녹아 있는 칼럼들을 제공한다(3-11). 가령 AI란 무엇이며
향후 전망은 어떠한지, 위험 요소는 무엇인지 통찰을 얻을 수 있다(3-
12). 이처럼 SK하이닉스 홈페이지 뉴스룸은 반도체 산업에 대한 전반
적인 내용을 쉽고 재미있게 학습하기 좋다(3-13).

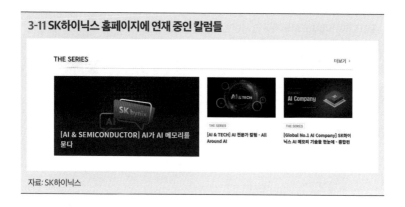

3-11 SK하이닉스 홈페이지에 연재 중인 칼럼들

자료: SK하이닉스

    삼성전자의 뉴스룸도 구경해보자(3-14). 삼성전자 뉴스룸 우측 상단 메뉴 '프레스센터'의 '회사 소개(FAST-FACTS)'에는 경영진부터 주요 사업 부문, 글로벌 네트워크, 조직 문화부터 사회 공

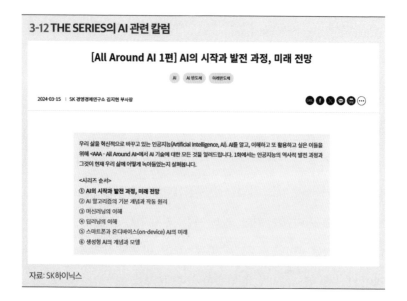

3-12 THE SERIES의 AI 관련 칼럼

자료: SK하이닉스

3-13 반도체 탐구 영역

직접 풀어보면 절대 잊지 못하는 반도체 지식 [반도체 탐구 영역]

f ⊗ ✉ ⋯

반도체 상식 문제를 시험으로 출제했다! 직접 풀어보면 절대 잊지 못하는 반도체 지식, 반도체 탐구 영역을 통해 공부하자.

전국반도체학력평가 문제지
반도체 탐구 영역

성명 [   ]   수험번호 [   ]

총 10건의 콘텐츠

기출
[반도체 탐구 영역] 확산공정 편
2022-02-21

기출
[반도체 탐구 영역] 세정공정 편
2022-01-20

기출
[반도체 탐구 영역] 포토공정 편
2021-12-23

자료: SK하이닉스

헌까지 삼성전자에 대해 전반적으로 소개되어 있어 기업을 파악하는 데 도움이 된다. 〈3-15〉에서 보듯이 삼성전자의 주요 사업은 DX(Device eXperience)와 DS(Device Solutions) 부문으로 나뉘어 있다. 그중 DX 부문은 영상디스플레이사업부, 생활가전사업부, MX(Mobile eXperience)사업부, 네트워크사업부, 의료기기사업부로 구성되어 있다. 우리가 알고 있는 삼성전자 가전 쪽을 떠올리면 된다.

삼성전자는 반도체로도 유명한데, 이는 DS 부문에 속한다는 것을 알 수 있다. DS 부문은 메모리사업부, 시스템LSI사업부, 파운드리사

3-14 삼성전자의 뉴스룸

자료: 삼성전자

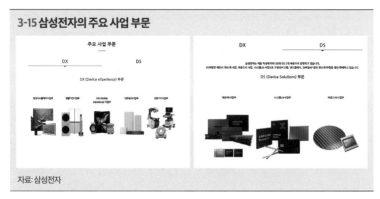

3-15 삼성전자의 주요 사업 부문

자료: 삼성전자

업부로 구성되어 있다. 여기서 메모리, 시스템LSI, 파운드리에 대해 각
각 찾아보다 보면 반도체 산업에 대한 공부가 되는 것이다.

꼭 뉴스룸이 아니더라도 기업이 자체 운영하는 유튜브나 블로그도

3-16 엔비디아의 유튜브 채널

자료: 유튜브

3-17 삼성전기의 유튜브 채널

자료: 유튜브

있다. 엔비디아도 유튜브 채널을 운영하며 최신 기술에 대한 소식을 전하고 있다. 투자자들이 크게 관심 가질 만한 이벤트의 경우 한국어로도 제공되기 때문에 보기가 수월하다(3-16).

국내 기업으로는 삼성전기의 예를 들 수 있다. 분기별 실적을 아주 친절하게 알려준다(3-17). 하지만 조회수가 저조해 기업의 공식 유튜브 채널에 대한 관심이 적다는 것을 알 수 있다.

물론 기업 자체에서 발간하는 자료를 무조건 믿으면 안 된다. 기본적으로 기업에게 유리하게 쓰는 경우가 대부분이기 때문인데, 이를 감안해도 기업에서 직접 운영하는 유튜브 채널의 정보는 퀄리티가 더 뛰어나다.

투자자들을 위해 여러 보도자료를 내고, 친절하게 회사 소개를 하는 문화는 잘 형성돼 있을수록 좋다. 투자자 친화적일수록 배당 성향이 높거나 자사주 매입 등 주주들에게 유리한 방향으로 경영이 이루어질 확률이 크기 때문이다.

S급 정보를 찾아라

기업에서 발간한 사업보고서

기업의 공식 홈페이지, 유튜브, 블로그와 함께 꼭 챙겨 봐야 할 것이 사업보고서다. 사업을 파악할 수 있는 훌륭한 수단이기 때문이다. 사업보고서는 해당 기업이 영위하는 사업은 무엇인지, 사업 비전은 어떤지, 위험 요소는 어떤 것들이 있는지 상세하게 설명해준다.

〈3-18〉은 아마존 홈페이지에 나와 있는 2023년 사업보고서 내용이다. "지구에서 가장 고객 중심적인 기업을 도모한다(We seek to be Earth's most customer-centric company)"는 비전을 이야기하고 있다. 그리고 "온라인·오프라인 매장을 통해 소비자에게 서비스를 제공하

3-18 아마존의 사업보고서

AMAZON.COM, INC.

PART I

Item 1. *Business*

　　This Annual Report on Form 10-K and the documents incorporated herein by reference contain forward-looking statements based on expectations, estimates, and projections as of the date of this filing. Actual results and outcomes may differ materially from those expressed in forward-looking statements. See Item 1A of Part I — "Risk Factors." As used herein, "Amazon.com," "we," "our," and similar terms include Amazon.com, Inc. and its subsidiaries, unless the context indicates otherwise.

General

　　We seek to be Earth's most customer-centric company. We are guided by four principles: customer obsession rather than competitor focus, passion for invention, commitment to operational excellence, and long-term thinking. In each of our segments, we serve our primary customer sets, consisting of consumers, sellers, developers, enterprises, content creators, advertisers, and employees.

　　We have organized our operations into three segments: North America, International, and Amazon Web Services ("AWS"). These segments reflect the way the Company evaluates its business performance and manages its operations. Information on our net sales is contained in Item 8 of Part II, "Financial Statements and Supplementary Data — Note 10 — Segment Information."

Consumers

　　We serve consumers through our online and physical stores and focus on selection, price, and convenience. We design our stores to enable hundreds of millions of unique products to be sold by us and by third parties across dozens of product categories. Customers access our offerings through our websites, mobile apps, Alexa, devices, streaming, and physically visiting our stores. We also manufacture and sell electronic devices, including Kindle, Fire tablet, Fire TV, Echo, Ring, Blink, and eero, and we develop and produce media content. We seek to offer our customers low prices, fast and free delivery, easy-to-use functionality, and timely customer service. In addition, we offer subscription services such as Amazon Prime, a membership program that includes fast, free shipping on tens of millions of items, access to award-winning movies and series, and other benefits.

　　We fulfill customer orders in a number of ways, including through: North America and International fulfillment networks that we operate; co-sourced and outsourced arrangements in certain countries; digital delivery; and through our physical stores. We operate customer service centers globally, which are supplemented by co-sourced arrangements. See Item 2 of Part I, "Properties."

자료: 아마존

고 선택지나 가격, 편의에 중점을 둔다(We serve customers through our online and physical stores and focus on selection, price and convenience)" 며 비전을 구체화하고 있다. 사업부는 북미사업부, 국제사업부, AWS(Amazon Web Services)사업부, 이렇게 3가지로 나뉘어 있다는 사실도 알 수 있다.

위험 요소는 무엇인가

우리가 기업에 투자할 때 중요하게 고려해야 할 사항 중 하나가 위험 요소다. 어떤 기업에 투자를 시작했다면 여러 정보를 낙관적으로 해석할 가능성이 있다. 긍정적인 뉴스만 기억하고 부정적인 뉴스들은 애써 무시한다. 사업보고서에는 위험 요소가 상세히 나열돼 있기에 긍정적으로 편향될 때 합리적인 판단을 내리는 데 도움이 된다.

〈3-19〉를 보면 아마존은 치열한 경쟁 상황을 위험 요소의 하나로 꼽고 있다. 치열한 경쟁으로 인해 제품과 서비스 제공에 실패할 수도

3-19 아마존 사업보고서 중 위험 요소에 대한 내용

Item 1A. *Risk Factors*

Please carefully consider the following discussion of significant factors, events, and uncertainties that make an investment in our securities risky. The events and consequences discussed in these risk factors could, in circumstances we may or may not be able to accurately predict, recognize, or control, have a material adverse effect on our business, growth, reputation, prospects, financial condition, operating results (including components of our financial results), cash flows, liquidity, and stock price. These risk factors do not identify all risks that we face; our operations could also be affected by factors, events, or uncertainties that are not presently known to us or that we currently do not consider to present significant risks to our operations. In addition to the factors discussed in Item 7 of Part II, "Management's Discussion and Analysis of Financial Condition and Results of Operations," and in the risk factors below, global economic and geopolitical conditions and additional or unforeseen circumstances, developments, or events may give rise to or amplify many of the risks discussed below. Many of the risks discussed below also impact our customers, including third-party sellers, which could indirectly have a material adverse effect on us.

Business and Industry Risks

We Face Intense Competition

Our businesses are rapidly evolving and intensely competitive, and we have many competitors across geographies, including cross-border competition, and in different industries, including physical, e-commerce, and omnichannel retail, e-commerce services, web and infrastructure computing services, electronic devices, digital content, advertising, grocery, and transportation and logistics services. Some of our current and potential competitors have greater resources, longer histories, more customers, and/or greater brand recognition, particularly with our newly-launched products and services and in our newer geographic regions. They may secure better terms from vendors, adopt more aggressive pricing, and devote more resources to technology, infrastructure, fulfillment, and marketing.

Competition continues to intensify, including with the development of new business models and the entry of new and well-funded competitors, and as our competitors enter into business combinations or alliances and established companies in other market segments expand to become competitive with our business. In addition, new and enhanced technologies, including search, web and infrastructure computing services, practical applications of artificial intelligence and machine learning, digital content, and electronic devices continue to increase our competition. The internet facilitates competitive entry and comparison shopping, which enhances the ability of new, smaller, or lesser known businesses to compete against us. As a result of competition, our product and service offerings may not be successful, we may fail to gain or may lose business, and we may be required to increase our spending or lower prices, any of which could materially reduce our sales and profits.

자료: 아마존

있고, 지출을 늘리거나 가격을 낮추게 되어 수익이 감소할 수 있다고 말한다. 그 외 법적 리스크부터 재고 관련 리스크, 주요 경영진이나 고도로 숙련된 인적 자원이 아마존을 떠날 경우 등 여러 위험 요소에 대해 상세하게 기술하고 있다.

매출 비중은 어느 정도인가

그다음 파악해야 할 것은 각 사업부의 매출 비중이다. 매출의 비중이 90%를 차지하는 사업부 A와 10%를 차지하는 사업부 B가 있다고 가정해보자. A의 매출이 2배 증가하면 전체 매출은 90% 더 증가한다. 하지만 B의 매출이 2배 증가하면 전체 매출은 10%밖에 더 증가하지 못한다. B는 매출이 10배로 폭발적 성장을 해야 A의 매출이 2배 증가하는 것과 같은 효과를 낸다. 애플을 예시로 들어보자.

〈3-20〉의 왼쪽은 애플의 홈페이지 첫 화면, 오른쪽은 유튜브 채널의 첫 화면이다. 모두 애플의 XR(eXtended Reality) 헤드셋인 비전프로를 강조하고 있기 때문에 이 제품이 매출에 큰 기여를 하고 있다고 착각할 수 있다. 하지만 2024년 1분기 사업보고서를 보면 매출 비중은 아이폰이 압도적이고, XR 홈 기기나 애플워치 등이 속한 웨어러블, 홈 앤드 액세서리의 매출은 아이폰의 1/5~1/7 정도밖에 되지 않

3-20 애플 홈페이지와 유튜브 채널의 첫 화면

자료: 애플, 유튜브

는다(3-21). 애플은 비전프로를 통해 사업을 확장해가려 하기 때문에 대중이 이미 잘 아는 아이폰보다 비전프로를 강조하고 있다. 하지만 비전프로가 몇 년 안에 폭발적으로 성장하지 않는 한 투자자들은 일단 아이폰을 둘러싼 스마트폰 업황과 아이폰의 미래에 비중을 두고 그 뒤에 비전프로에 대해 생각해봐야 한다.

이처럼 기업을 볼 때는 매출 비중이 높은 순서대로 전망을 파악해

3-21 애플의 2024년 1분기 사업보고서

Note 2 – Revenue

Net sales disaggregated by significant products and services for the three months ended December 30, 2023 and December 31, 2022 were as follows (in millions):

	Three Months Ended	
	December 30, 2023	December 31, 2022
iPhone®	$ 69,702	$ 65,775
Mac®	7,780	7,735
iPad®	7,023	9,396
Wearables, Home and Accessories	11,953	13,482
Services	23,117	20,766
Total net sales	$ 119,575	$ 117,154

자료: 애플

야 한다. 아무리 신사업이 유망해 보여도 본업에 뿌리를 둬야 한다. 물론 비전프로와 같은 신사업이 없으면 문제가 되겠지만, 신사업은 불확실성이 큰 상태이고 현 상황을 잘 버틸 수 있게 하는 힘은 본업에서 나온다. 아이폰 산업은 이제 성숙 산업으로 접어들었으나 여기서 나오는 이익이 뒷받침되어야 풍부한 현금흐름을 바탕으로 신사업에 투자할 수 있는 것이다.

영업이익 비중은 얼마인가

매출 비중뿐만 아니라 영업이익 비중 그리고 각 사업부가 어떻게 연결되어 있는지도 살펴봐야 한다.

아마존은 전자상거래 기업이면서 클라우드 서비스를 통해 매출을 올리는 기업이다. 2023년 4분기 기준 북미사업부와 국제사업부 매출을 모두 합친 비중이 86%로 매우 높다(3-22).

2023년 영업이익은 북미사업부가 6,461m 달러, 국제사업부는 419m 달러의 영업손실을 기록했다. AWS사업부는 영업이익 7,167m 달러를 기록했다(3-23). AWS사업부의 매출 비중은 〈3-22〉에서 보다시피 14%밖에 되지 않았지만, 영업이익으로는 절반 이상의 비중을 차지한다.

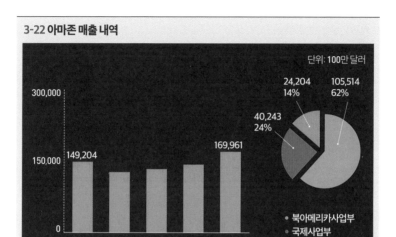

3-22 아마존 매출 내역

단위: 100만 달러

300,000

149,204

150,000

169,961

0

Q4 2022　Q1 2023　Q2 2023　Q3 2023　Q4 2023

24,204
14%

105,514
62%

40,243
24%

● 북아메리카사업부
● 국제사업부
● AWS사업부

자료: 아마존

　물론 전자상거래 영업이익 비중이 낮다고 해서 무시할 일은 아니다. 아마존은 전자상거래 매출로 벌어들인 돈을 더 나은 서비스 제공을 위해 재투자하여 영업이익이 낮아 보이는 것이다. 아마존은 이러한 사업 전략으로 시장 점유율을 키움으로써 거대한 기업이 되었다. 하지만 이 사업 전략을 가능케 했던 것은 AWS의 클라우드 사업이다. 클라우드 사업의 영업이익률이 매우 큰 덕분에 기업을 보다 안정적으로 운영할 수 있었고, 이커머스 쪽에 공격적인 재투자가 가능했으며, 투자자들이 아마존에 안심하고 투자할 수 있게 되었다.

　전자상거래와 클라우드 사업 간의 시너지로 성장한 아마존의 경우, 두 사업 모두에 관심을 두어야 한다. 이를 위해서는 꼭 사업보고

3-23 아마존 영업이익

AMAZON.COM, INC.
Segment Information
(in millions)
(unaudited)

	Three Months Ended December 31,		Twelve Months Ended December 31,	
	2022	2023	2022	2023
North America				
Net sales	$ 93,363	$ 105,514	$ 315,880	$ 352,828
Operating expenses	93,603	99,053	318,727	337,951
Operating income (loss)	$ (240)	$ 6,461	$ (2,847)	$ 14,877
International				
Net sales	$ 34,463	$ 40,243	$ 118,007	$ 131,200
Operating expenses	36,691	40,662	125,753	133,856
Operating loss	$ (2,228)	$ (419)	$ (7,746)	$ (2,656)
AWS				
Net sales	$ 21,378	$ 24,204	$ 80,096	$ 90,757
Operating expenses	16,173	17,037	57,255	66,126
Operating income	$ 5,205	$ 7,167	$ 22,841	$ 24,631

자료:

서를 확인해서 사업부별 매출과 영업이익 비중을 잘 봐야 한다. 어떤 제품이 잘 팔리고 어떤 서비스를 주된 서비스로 내세우고 있는지 파악하는 것이 기업 파악의 첫걸음이다. 그 이후엔 꼭 매출과 영업이익 비중을 파악해야 한다. 공식처럼 집착하기보단 상황과 맥락, 사업 구조에 따라 유기적으로 파악해야 한다.

A급 정보를 찾아라

시장조사 업체의 자료

정보는 많은 사람을 거칠수록 주관적 해석이 들어가게 마련이다. 소문이 와전되는 것과 같은 이치다. 기업과 이해관계가 크게 얽혀 있지

3-24 정보 유통 채널, 뉴스

D램 가격은

시장조사업체 트렌드포스는
가격 추이는 여전히 당초 전망 범위 내에 있다"며
상승할 수 있다"고 전망했다.

자료: 연합뉴스

3-25 트렌드포스 홈페이지

DRAM Manufacturers Gradually Resume Production, Impact on Total Q2 DRAM Output Estimated to Be Less Than 1%, Says TrendForce

10 April 2024

Following in the wake of an earthquake that struck on April 3rd, TrendForce undertook an in-depth analysis of its effects on the DRAM industry, uncovering a sector that has shown remarkable resilience and faced minimal interruptions. Despite some damage and the necessity for inspections or disposal of wafers among suppliers, the facilities' strong earthquake preparedness of the facilities has kept the overall impact to a minimum.

U.S. Updates Advanced Semiconductor Ban, Actual Impact on the Industry Will Be Insignificant, Says TrendForce

9 April 2024

These new regulations, which took effect on April 4th, are designed to prevent certain countries and businesses from circumventing U.S. restrictions to access sensitive chip technologies and equipment. Despite these tighter controls, TrendForce believes the practical impact on the industry will be minimal.

Post-Earthquake Survey Update: Taiwan's Wafer Foundry and DRAM Production Unaffected, Says TrendForce

4 April 2024

TrendForce has provided an update on the dynamics of Taiwan's semiconductor factories following the earthquake on April 3rd. Most wafer foundries were situated in areas that experienced a Level 4 intensity shake. Owing to the high-spec construction standards of Taiwan's semiconductor factories, which feature world-class seismic mitigation measures capable of reducing seismic impacts by 1 to 2 levels, the facilities were largely able

자료: 트렌드포스

않으면서 최대한 객관적인 사실만 제공할수록 질이 높은 정보다. 그런 면에서 공신력 있는 시장조사 업체를 통해 정보를 파악해야 하는데, 그러려면 우리가 가장 쉽게 접할 수 있는 매체인 뉴스를 보고 그정보의 출처를 확인해보면 된다.

〈3-24〉를 보면 기자는 D램 가격이 어떻게 변했는지, 전망은 어떤지를 시장조사 업체 트렌드포스를 인용해 기사를 작성했다. 그러면정보의 출처인 트렌드포스를 직접 찾아본다.

트렌드포스는 반도체 업황에 대해서 조사하고, 이에 대해 꾸준히 인사이트를 제공하고 있다(3-25). 이 정보들을 보면 투자 공부에 도움을 얻을 수 있다.

공신력 있는 기관의 자료

여러 금융기관에서는 경제 공부를 할 수 있는 다양한 자료를 제공하고 친절하게 강의를 해주기도 한다. 예를 들어 한국은행에선 경제에 관한 다양한 강의를 진행하고 있으며, 신청하면 직접 가서 들을 수도 있다(3-26). 뿐만 아니라 중국의 성장 구조나 글로벌 제조업의 경기, 미국과 유럽의 성장세 차별화 배경이나 시사점과 같이 보다 심층적인 연구 자료도 볼 수 있다(3-27). 이곳저곳 찾아다닐 필요 없이 한국은행 홈페이지에만 들어가도 양질의 공부거리가 풍부하다.

대한무역진흥공사에서도 해외 시장과 산업 동향에 대한 양질의 자료를 무료로 볼 수 있다(3-28). 인도 철강산업이나 중국 희토류 시장 동향 등 실제 투자 아이디어를 얻기에도 좋다.

이 밖에 여러 회계법인에서도 풍부한 산업 관련 자료를 볼 수 있다. 삼일회계법인에선 제약·바이오부터 화장품 산업, 인플레이션 감축법과 같은 정책 관련 정보까지 자세히 알려준다(3-28).

3-26 한국은행 홈페이지에서 제공하는 다양한 강의

HKAU [제955회] 한국은행 ... 구분 : 경제이론·교양 일반인	HKAU [제954회] 금융시장 ... 구분 : 경제이론·교양 일반인	[제953회] 인공지능 시대... 구분 : 경제이론·교양 일반인	[제952회] 북한이탈주민... 구분 : 경제이론·교양 일반인
[제951회] 세계 및 국내경... 구분 : 경제동향·전망 일반인	[제950회] 빅데이터 모형... 구분 : 경제이론·교양 일반인	[제949회] 한국은행의 발... 구분 : 경제이론·교양 일반인	[제948회] 2024년 통화신... 구분 : 통화정책 일반인
[제947회] 최근 우리나라... 구분 : 금융안정 일반인	[제946회] 한국경제 과거 ... 구분 : 한국경제 일반인	[제945회] 2023년 12월 ... 구분 : 통화정책 일반인	[제944회] 우리나라 채권... 구분 : 경제이론·교양 일반인

자료: 한국은행

해외 기관에서도 여러 인사이트를 무료로 제공받을 수 있다. 예를 들어 자산운용사 피델리티나 국제통화기금은 여러 보고서로 다양한 국가와 산업의 동향과 전망을 제시한다.

3-27 한국은행 홈페이지에서 볼 수 있는 양질의 자료들

BOK 이슈노트
[제2024-9호] 우리나라의 대미국 수출구조 변화 평가 및 향후 전망
∨ 목차 · 저자 : 남석모, 최준, 정영철, 조윤해   ⏱ 2024.04.18   👁 594

경제분석
[제30권 제1호] 탈탄소 기술관련 품목의 관세 및 비관세조치의 무역효과 분석
· 저자 : 방호경   ⏱ 2024.03.31   👁 6226

BOK 이슈노트
[제2024-4호] 미국과 유럽의 성장세 차별화 배경 및 시사점
∨ 목차 · 저자 : 김민수, 진형태, 정다혜   ⏱ 2024.02.01   👁 3400

BOK 이슈노트
[제2024-2호] 팬데믹 이후 글로벌 성장,교역에 대한 평가 및 시사점
∨ 목차 · 저자 : 박세준, 이재호, 이종웅, 이승주, 박나영, 강지현   ⏱ 2024.01.18   👁 3110

경제전망 핵심이슈·심층연구
[23.11월 핵심이슈] 중국 성장구조 전환과정과 파급영향 점검
∨ 목차 · 저자 : 김보성, 이준영, 남석모, 박동훈, 정영호, 최창원   ⏱ 2024.01.02   👁 2273

경제전망 핵심이슈·심층연구
[23.8월 핵심이슈] 글로벌 제조업 경기 평가 및 우리 경제에 대한 시사점
∨ 목차 · 저자 : 손민규, 남석모, 최준, 이승호, 김형지, 박동훈,
이준영   ⏱ 2024.01.02   👁 2361

자료: 한국은행

3-28 대한무역진흥공사(오른쪽)와 삼일회계법인(왼쪽) 홈페이지

자료: 대한무역진흥공사, 삼일회계법인

B급, C급 정보는 어떤 것일까

┃B급 정보

S급과 A급 정보에 접근하기 어렵다면 이를 쉽게 설명해주는 SNS나 뉴스를 참고하는 방법이 있다.

〈3-29〉와 같이 증권사는 기업의 실적 발표 시즌에 실적을 리뷰해준 다. 이때 매출액, 영업이익, 순이익, 사업 부문별 매출 추이 등을 쉽게 확인할 수 있다. 여러 정보를 요약해주는 SNS도 있다. 해외 기업은 사업보고서가 영어로 되어 있기도 하고 양이 워낙 많아서 블로그나 유튜브를 참고하는 것도 좋은 선택이다.

증권사는 인뎁스 리포트도 발간한다. 수십 페이지 분량으로 각 산

3-29 증권사의 기업 실적 리뷰

번호	제목	첨부	애널리스트	작성일	조회수	스크랩
669		🔗				🔖
668		🔗				🔖
667		🔗				🔖
666	핀둬둬(PDD.US)	🔗				🔖
665	[FY3Q24 실적리뷰]오라클(ORCL.US)	🔗				🔖
664	[FY4Q23 실적리뷰]타겟(TGT.US)	🔗				🔖
663	[FY4Q24 실적리뷰]엔비디아(NVDA.US)	🔗				🔖
662	[FY4Q24 실적리뷰]월마트(WMT.US)	🔗				🔖
661	[FY2Q24 실적리뷰]시스코 시스템즈(CSCO.US)	🔗				🔖

자료: 키움증권

업의 역사나 큰 사건을 다루고 그때마다 산업이 어떻게 변했는지, 관련 기업들의 주가는 어떻게 되었는지 설명하며 정치적 관점, 역사적 관점 등 여러 관점에 따라 전망을 제시하기도 한다.

그러나 증권사 보고서는 긍정적인 관점을 유지할 때가 많다. 그러니 그 속에서도 위험 요인이 무엇인지 생각해봐야 한다. 그러려면 관련 기업들의 주가가 하락했던 시기에 어떤 일들이 있었는지 찾아보는 것도 좋다.

C급 정보

증권사는 종목별 투자 의견을 제공한다. 무료라 진입장벽이 낮다. 투자 의견을 왜 그렇게 제시했는지 해당 논리를 참고해보는 것도 좋다.

하지만 애널리스트들의 투자 의견이 나의 매매 결정에 영향을 끼쳐서는 안 된다. 〈3-30〉에서 보다시피 매도 의견을 내기 어려운 구조다. 증권사들이 매수 의견을 냈다는 점에 기반해 매매하는 사람들이 종종 보이는데, 애널리스트들의 투자 의견은 나의 투자 근거로 활용하

3-30 증권사의 종목별 투자 의견

번호	종목명	투자의견 (추천연혁)	제목	첨부	애널리스트	작성일	조회수	스크랩
	롯데케미칼	Marketperform(Maintain)						
	엔씨소프트	Outperform(Maintain)						
	한국항공우주	Buy(Maintain)						
	LS에코에너지	Buy(Reinitiate)						
	HK이노엔	Buy(Maintain)						
	대원제약	Buy(Maintain)						
	한온시스템	Marketperform(Maintain)						
	디엔디파마텍	Not_Rated(Not_Rated)						
	포스코인터내셔널	Outperform(Maintain)						
	대주전자재료	Buy(Maintain)						

자료: 키움증권

기엔 매우 빈약하다. 애널리스트들이 목표 가격을 올린 종목들을 따로 모아 정리하고 이를 투자 판단에 참고하는 사람들도 있는데, 수익을 내는 데 전혀 의미가 없는 공부다.

마찬가지로 주관적 의견이 강하게 들어간 뉴스, 블로그, 유튜브 또한 높은 퀄리티의 정보는 아니다. 그들의 논리가 어떻고, 실제로 주가가 오르고 내릴 때 적용이 되는지 계속 지켜보는 것도 주식 공부가 될 수는 있겠다.

|F급 정보

누군가가 당신에게만 알려준다며 가격이 오를 주식을 말해준다면 그건 잘못된 정보일 확률이 매우 높다. 진짜 오른다 해도 그 정보를 검증할 방법이 없다. 만약 돈을 잃는다면 그 사람이 책임져주지 않는다. 추천해준 주식이 몇 번 올랐다고 그걸 믿고 투자 규모를 키우다가 주가가 폭락하면 돌이킬 수 없어진다.

어떤 주식이 무조건 오르거나 내린다거나, 주식 시장이 2~3개월 안에 폭락한다는 식으로 구체적인 시기를 언급하며 확신의 어조로 얘기할 때는 더더욱 신뢰하면 안 된다. 확신에 찬 어조로 말하거나 구체적인 시기를 언급하면 사람들은 쉽게 현혹된다. 지인이든 유튜버든 주식 리딩방이든 이런 정보에 휘둘리는 것은 노력 없이 얻고 싶은 내 욕심 때문이다. 투자에 지름길은 없다고 생각하고 좀 고될지라도 직접 찾아보고 판단하는 연습을 해야 한다.

S급 정보

- 기업 공식 홈페이지, 유튜브 채널
- 기업 공식 보도자료
- 사업보고서

A급 정보

- 공신력 있는 시장조사 업체나 금융기관에서 발간한 보고서

B급 정보

- 신뢰도 높은 출처를 기반으로 하는 증권사 보고서, SNS, 뉴스

C급 정보

- 종목 위주로 발간한 증권사 보고서
- 논리가 약하고 주관적 의견이 과하게 담긴 SNS, 뉴스

F급 정보

- 노골적으로 종목을 추천하는 모든 사람과 매체

빠른 정보보다 합리적인 해석

금리가 인상되는 게 좋을까, 인하되는 게 좋을까

정보가 쏟아지는 상황에서는 정보를 안다는 것이 중요한 게 아니다. 그 정보를 어떻게 조합해서 해석하는지가 중요하다. 우리는 한 번 긍정적이라고 판단하면 합리적인 근거가 있어도 부정적으로 해석하지 않는다. 하지만 모든 사업은 긍정적인 상황에서도 위험 요소가 항상 존재하며, 부정적인 상황일 때도 희망적인 요소가 항상 존재한다. 정보를 종합해서 다방면으로 해석할 수 있는 시각을 길러야 한다.

가령 미국 시장금리가 0.25%에서 2.5%로 인상된 상황을 A로,

2.5%에서 5.25%로 인상된 상황을 B라고 해보자. A에선 시장금리가 2.25% 상승한 반면, B에선 2.75% 상승했다. 어떤 기업이 부채가 1억 원이라 치고 A와 B일 때의 이자비용 증가폭을 계산해보자.

A에서 시장금리가 0.25%일 때 이자비용은 연 25만 원이다. 시장금리가 2.5%로 올랐을 때는 연 250만 원이기 때문에 이자비용은 225만 원 증가했다. B에선 시장금리가 2.5%에서 5.25%로 올랐으니 이자비용은 275만 원 증가했다. 따라서 현금흐름이 부족한 기업이라면 B일 때 상황이 더 어려울 수 있다.

기업 가치를 평가할 때는 어떨까? 금리 인상폭이 높을수록 가치가 떨어지므로 B일 때가 더 어렵다. 시장은 기업의 미래 가치를 시장금리, 할인율로 나누어 현재 가치로 환산한다. 금리가 높아져서 할인율이 커지면 현재 가치는 이전보다 하락한다.

예를 들어보겠다. 내가 지금 현금 1억 원이 있는데 1년 뒤 1억 원의 가치는 얼마일까? 은행이자가 5%라면 1년 뒤의 가치는 1억 500만 원(1억 원 × 1.05)이다. 2년 뒤는 1억 1,025만 원(1억 500만 원 × 1.05)이다.

어느 성장 기업이 있다. 시장은 이 기업이 현재는 수익을 못 내도 1년 뒤에는 연 100억 원의 수익을 낼 것으로 전망하여 기업 가치가 1,000억 원이다. 시장금리가 1%일 경우, 1년 뒤 기업의 미래 가치인 1,000억 원을 1.01로 나누면 현재 가치는 약 990억 원이다. 그런데 시장금리가 10%로 오르면 기업의 현재 가치는 909억 원(1,000억 원 ÷ 1.1)이 된다. 이렇게 기업의 현재 가치는 시장금리에 따라 크게 달라진다. 성장 기업이 수익을 크게 내기 시작하리라고 전망하는 시기가 멀면 멀수록 시장금리에 더 큰 영향을 받는다.

다른 시각도 가능하다. A일 때 시장금리는 0.25%에서 2.25%로 9배 올랐다. B에선 약 2.1배가 올랐다. 만약 투자를 위해서 빚을 낸다면, 그리고 내가 감당할 수 있는 이자비용이 연 1,000만 원이라면 금리가 0.25%일 때엔 40억 원까지도 빌릴 수 있다. 하지만 2.25%일 때는 4억 4,000만 원, 2.5%일 때는 4억 원, 5.25%일 때는 1억 9,000만 원까지만 빌릴 수 있다.

0.25%라는 저금리 기조가 오래 지속되리라 예측하고 40억 원을 빌렸다면, 금리가 오르면서 이자비용은 급격하게 불어난다. 금리가 9배 상승한 A일 때는 채무 불이행 상황이 벌어질 수 있다. 하지만 B에선 애초에 큰돈을 빌리기가 어렵기 때문에 이자비용이 불어나는 데는 한계가 있다. 급격한 금리 인상이 부채가 많은 기업에게 매우 위험한 이유다.

일론 머스크는 천재일까, 바보일까

전기차 시장의 경쟁이 격화되면 테슬라 주가는 어떻게 될까? 가격 경쟁으로 인해 전기차 가격이 인하되고 이로 인해 전기차 보급률이 확대되면 전기차 인프라 확장 속도 또한 빨라질 것이다. 자연스럽게 관련 시장이 커지면서 장기적으로는 테슬라도 수혜를 보리라고 긍정적으로 판단할 수 있다.

2014년 테슬라 전기차 관련 특허를 모두 공개하면서, 일론 머스크는 전기차 시장의 활성화를 촉진하기 위해서라고 밝혔다. 이처럼 전기차 시장의 확장이 테슬라의 목표 중 하나였다면, 지금의 가격 경쟁 또한 목표로 가는 여정 중 하나라고 판단하여 매도보단 분할 매수를 선택할 수 있다.

테슬라 주가가 한창 오를 때 세상은 머스크를 찬양했다. 마케팅 비용을 줄이기 위해 머스크 스스로 브랜딩을 시도했다고 매우 참신하게 여겼다. 광고를 하는 대신 그 비용을 모두 제품 개발에 쏟는다면서 테슬라를 칭찬했다. 하지만 테슬라 주가가 크게 떨어지자 오너 리스크가 부각됐다. X에서 히틀러와 나치당을 홍보하는 반유대주의 관련 게시물을 옹호하는 머스크의 댓글이 문제가 되기도 했다. 이로 인해 디즈니, 애플과 같은 여러 대기업이 광고를 중단했다. 테슬라 판매량이 타격을 입기도 했다.

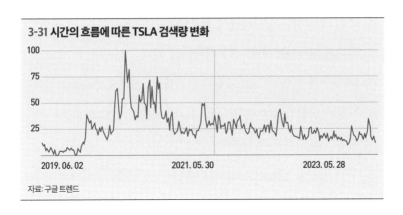

3-31 시간의 흐름에 따른 TSLA 검색량 변화

2019. 06. 02   2021. 05. 30   2023. 05. 28

자료: 구글 트렌드

특히 주가가 하락하는 동안에는 부정적인 정보가 부각되다가 사람들의 관심에서 서서히 잊히게 마련이다. 사람들은 주가가 급등하는 또 다른 종목을 찾아 떠난다. 〈3-31〉은 테슬라 티커 'TSLA'의 구글 검색량 그래프다. 주가가 상승하던 2020년에 특히 관심을 받았고, 주가가 크게 상승하던 2021년 말에도 관심이 증가했다. 하지만 이후 주가가 장기적으로 하락하면서 관심도 감소하고 있다. 대부분의 투자자가 진짜 투자를 하기보단 도파민을 좇는 경우가 많다는 뜻이다.

버크셔해서웨이 주주총회에서 찰리 멍거는 주식 투자에 필요한 역량은 바보가 아닌 정도라고 했다. 그리고 다행히도 세상에는 바보가 많다고 했다.

정보 해석에 정답은 없다. 하지만 다음의 내용만 기억해도 투자 판단에 도움이 될 것이다.

① 빠른 정보 입수가 수익률에 직결되는 것은 아니다.

② 똑같은 정보라도 사람마다, 상황마다 해석이 다르다.

③ 우리는 한 번에 하나의 정보만 인지할 수 있기에 편향되기 쉽다.

④ 시장이 낙관적일 때 부정적인 정보는 상대적으로 소외된다.

⑤ 시장이 부정적일 때 낙관적인 정보는 상대적으로 소외된다.

⑥ 어떤 기업의 전망이 부정적일 때 그 기업 관련 정보는 상대적으로 소외된다.

편향을 줄이고
균형을 잡으려면

주식 투자는 신앙생활이 아니다

주식이 종교가 되면 안 된다. 주식에 대해 과한 확신을 갖고 있으면 긍정적인 정보만 받아들이고 부정적인 정보는 무시할 확률이 크다. 시간이 지날수록 편향은 강해진다. 투자 비중도 점점 커지기 때문에 위험 신호들을 무시하고 잘못된 판단을 해서 크게 손실을 볼 수 있다. 내가 투자한 종목의 위험 요소는 무엇인지 머리를 쥐어짜서라도 생각해보고, 긍정적인 정보들에 대해 스스로 보정을 해줘야 한다. 내가 내렸던 결론에 반대되는 결과가 나왔다면 따로 메모해두는 것이 좋다.

주식을 매수하고 나서야 공부하는 사람들이 있는데 이 또한 주식이 종교가 되는 과정이다. 주식을 매수하면 다른 주식은 눈에 보이지 않고 내가 매수한 주식이 정말 오를 것인지만 확인한다. 소중한 시간을 할애해서 편향만 강화하는 결과만 낳을 수 있다. 그래서 한두 종목만 공부하기보단 다양하게 공부하는 것이 좋다. 여러 산업과 그 산업에 속한 기업들의 사업이 어떻게 흘러가는지를 보면, 무조건 좋은 사업은 없다는 점을 깨닫고 보다 균형 잡힌 시각을 기를 수 있다.

이미 종교가 된 주식들은 신규 진입을 하지 않는 것이 좋다. 여러 투자자들이 무리해서 투자한 경우가 많고, 고평가되어 있을 확률이 크다.

모든 것에
이유가 있는 것은 아니다

주식 투자를 하면서 흔히 하는 실수 중 하나가 일일 시황에 너무 집중하는 것이다. 무의미한 일이다. 가령 시험 공부를 열심히 해서 꾸준히 점수가 올랐다 해도 매일의 컨디션은 다를 것이다. 어떤 날은 공부가 잘되지만 어떤 날은 잘 안 된다. 이유가 특별히 있진 않다. 비 오는 날엔 기분이 처진다는 식으로 애써 이유를 찾아보지만 정확한 원인은 알 수 없다. 주식도 사람이 사고 사람이 파는 것이기 때문에 하루하루 주가가 어떻게 될지 예측할 수 없고, 어떤 결과의 원인을 정확히 찾을 수도 없다.

가장 최근에 나온 뉴스를 찾아보고 관련 자료들을 조합해서 주가변동의 원인을 찾아보지만, 부질없다. 실적 발표일에 주가가 크게 오르거나 떨어지면 언론에서는 실적이 예상치보다 좋거나 나쁘다는 식의 이유를 드는데, 나는 사업 방향이나 재무 상태 등이 바뀌지 않았다면 의미가 없다고 생각한다.

그래서 하루하루 시황을 신경 쓸 필요가 없다. 매일매일 분산된 정보를 찾아보기보단 주제를 정해서 과거부터 현재까지의 흐름 위주로 정리해보는 것이 좋다. 예를 들어 인플레이션의 흐름은 어떻게 변하고 있고, 그 당시 언론의 분위기는 어떠했으며 전망은 어땠고, 실제로 그 전망이 맞았는지 등을 정리해본다면 물가의 흐름을 좀 더 정확하게 파악할 수 있다. 언론에서 쏟아내는, 주관적 해석이 담긴 뉴스들에 휘둘리지 않을 수 있다.

관심 있는 기업의 사업 하나를 정해 흐름을 파악해보는 것도 좋다. 가령 애플 비전프로의 사업을 주제로 정하고 시간대별로 사업보고서, 보도자료, 뉴스 등을 종합하여 정리하면 사업의 흐름을 잘 파악할 수 있다.

아주 흔한 편향적 사고

- 현 상태가 지속될 것이라고 생각한다.
- 손실은 회피하고 이익을 확정하려 한다.
- 보유한 주식은 더 긍정적으로 전망한다.
- 어떤 사건이 있을 때 그럴듯한 이유를 찾으려 한다.

리스크를 줄이는
주식 공부법

시간, 많이 쓰지 말자

초반에는 주식 공부에 시간을 많이 쏟을 수밖에 없다. 낯선 분야이기 때문이다. 하지만 시간이 지나면 공부 시간을 줄여야 한다. 공부와 노동의 균형을 맞춰야 한다. 자산 규모가 크지 않은 상태에서 우리의 노동소득은 큰 힘을 발휘한다. 자본소득으로 연 3,000만 원을 벌려면 이율 4%를 가정했을 때 7억 5,000만 원이 있어야 한다. 즉 연봉 1,000만 원은 2억 5,000만 원의 자본과 맞먹는다. 단, 자본은 시간이라는 자원을 소모하지 않는다.

처음에는 주식으로 연 10%의 수익률을 달성한다 해도 큰 효과가 나타나지 않는다. 가령 1,000만 원의 목돈이 있다면 연 4%의 예금 수익률과 연 10%의 주식 수익률은 60만 원밖에 차이가 안 난다. 초반엔 연봉을 올리거나 부수입을 만드는 것이 더 쉽다.

시장이 침체했을 때 버틸 수 있는 힘은 현금에서 나온다. 그럴 때 투자를 마음 편히 할 수 있고, 투자 수익률도 좋을 확률이 크다. 그러니 본업이나 미래의 소득에 큰 영향을 끼치지 않는 선에서만 시간을 할애하자. 우선순위를 명확히 해야 한다.

주식 공부에 너무 욕심을 부리지 않아도 된다. 모든 분야를 공부하지 않아도 된다. 잘 아는 분야, 친숙한 분야 위주로 공부해도 충분하다. 시간이라는 한정된 자원으로 모든 산업, 모든 영역을 다 공부하려 들지 말자. 정말 열심히 해도 몇 가지 산업, 몇 개의 기업만 이해할 수 있을 뿐이다. 그것만으로도 충분한 성과를 낼 수 있다. 아는 것만 잘하면 된다. 아이돌을 좋아하면 엔터테인먼트 산업, 차를 좋아하면 자동차 산업을 공부해볼 수 있다. 나는 의료 분야에 종사하기 때문에 의료기기 기업들도 관심 있게 보고 있다.

주식, 해외로 눈을 돌리자

인구 구조 문제를 해결하기 쉽지 않은 상태에서 원화 자산에 대한 의

존을 줄이고 해외 자산으로 눈을 돌리는 것이 맞다. 이전부터 고령 사회를 겪고 있는 일본의 사례를 참고해보자. 일본은 현재 저성장 국가로 연간 GDP 성장률이 2%도 안 된다. 이처럼 경기 불황이 수십 년 이상 지속됨에도 불구하고, 경상수지는 1981년 이후 흑자를 유지하고 있다. 2020년 코로나19 사태 당시에도 일본은 1,600억 달러의 경상수지 흑자를 거뒀다. 다른 수지는 적자도 있는 반면 해외 자산으로부터 나오는 배당, 이자 등이 포함된 소득수지가 2,000억 달러를 넘었기에 가능한 일이었다. 일본처럼 장기적인 저성장이 예상되는 상황에서 우리 역시 해외 투자를 확대해야 한다.

많은 증권사가 해외 투자를 지원하면서 해외 투자에 대한 진입장벽이 많이 낮아졌다. 이런 상황에서 월급도 원화로 받는데 굳이 원화 자산에 투자해 의존도를 높이는 것은 위험을 키우는 일이다.

당신의 옳고 그름이 중요한 것이 아니라,
옳을 때 얼마나 많이 벌고 틀렸을 때 얼마나 많이 잃느냐가 중요하다.
It's not whether you're right or wrong that's important,
but how much money you make
when you're right and how much you lose when you're wrong.

조지 소로스 *George Soros*

4장

실전,
종목의 선택

재무제표에서 보이는 것들

재무제표,
걸러낼 기업을 알아내는 수단

자, 이제 투자를 시작할 때가 됐다. 투자할 기업을 고를 때는 우선 재무제표를 보도록 하자. 회계사처럼 잘 볼 필요는 없다. 회계사라고 모두 주식 투자에 성공하지는 않는다. 하지만 재무제표를 볼 줄 알면 적어도 바람 앞의 등불 같은 기업은 피할 수 있다. 물론 휘청거리는 기업에 투자해도 큰 수익을 얻을 수 있다. 애플도, 테슬라도 재무제표가 좋지 않던 시기가 있었다. 하지만 이런 기업은 많지 않다. 대부분은 꿈을 먹고 살거나 테마로 묶여서 주가 또한 요동치는 기업들이다.

이러한 기업들은 사업이 잘 안 풀릴 때 단기 차입금 등을 통해 현금을 마련하거나 유상증자를 해서 주주의 지분 가치를 희석시킬 수 있다. 그렇게 해서도 해결되지 않으면 상장 폐지까지 갈 수도 있다. 그래서 위태로운 기업들은 조금이라도 상황이 안 좋으면 주가가 크게 흔들리곤 한다. 하지만 어려운 상황에서 벗어나는 듯하면 실질적인 개선이 없음에도 주가가 크게 오른다. 이렇게 변동성이 크면 도파민을 자극하기에 사람들이 많이 몰린다.

물론 상황이 좋지 않은 기업의 잠재력을 알아보는 뛰어난 판단력과 미래를 내다보는 혜안이 있다면 투자해도 좋다. 큰 수익을 얻을 것이다. 하지만 우리에게는 그런 능력이 없다. 그러니 최악을 가정해도 오랫동안 살아남을 기업에 투자해야 한다. 재무제표를 어느 정도 볼 줄 알아야 하는 이유다. 그렇다고 깊게 공부할 필요는 없다. 어차피 재무제표 숫자들은 후행적인 지표이기 때문에 과거만 나타낼 뿐이다.

쌓아놓은 현금이 많으면 배당을 더 많이 하거나 자사주 매입을 할 개연성이 높아진다는 정도만 알 수 있을 뿐이다. 혹은 현금이 많으면 기업을 인수하거나 시설에 투자하기 쉬우니 더 좋을 수 있다. 재무제표만 보고 기업이 잘될지 확실히 알기는 어렵고 기업을 전망할 때 보조적인 수단으로 활용할 수 있다.

재무제표가 좋은 기업들 중에서도 충분히 수익을 크게 낼 수 있는 경우가 있다. 애플만 하더라도 5년 동안 200%가 넘게 올랐다. 2019년

5월 2일 52달러이던 주가가 2024년 5월 3일에는 183달러가 되었다. 서울 강남구의 아파트 평균 매매 가격은 2019년 3월 15억 8,600만 원에서 2024년 3월 22억 원이 되었다.

비슷한 시기 강남구 아파트 가격보다 애플 주식의 상승률이 훨씬 컸다. 굳이 무리하게 레버리지를 일으키지 않아도, 위태로운 기업이 극적으로 다시 살아나지 않아도, 매매를 여러 번 하지 않아도 매수 버튼 한 번 누르는 것만으로 충분히 큰 수익률을 얻을 수 있다.

재무제표에서 꼭 봐야 할 것들

재무제표는 손익계산서, 재무상태표, 현금흐름표로 나뉜다. 손익계산서에선 수익과 비용을 확인할 수 있는데 수익은 크게 매출액, 매출총이익, 영업이익, 순이익이 있다. 비용은 매출원가, 판매비, 관리비, 연구개발 비용을 포함한 영업비용, 영업 외 비용이 있다.

재무상태표에선 재산 상태를 확인할 수 있다. 자본은 어느 정도이고, 부채는 얼마인지 알 수 있다. 보유한 현금에 비해 부채가 너무 많다면 주의해야 한다.

현금흐름표로는 현금이 어떻게 유입되고 어떻게 유출되는지를 알 수 있다. 손익계산서에서 순이익이 증가해도 현금이 늘지 않을 수 있는데, 예를 들어 제품을 팔고 현금이 아니라 채권을 받을 수도 있기 때문이다. 만약 채권이 제대로 회수되지 않는다면 유입되는 현금은 없고 비용만 나갈 것이다. 또한 현금흐름은 영업 현금흐름, 투자 현금흐름, 재무 현금흐름으로 나뉜다.

제무제표의 모든 항목을 다 보면 좋겠지만 시간이 너무 많이 걸린다. 투자하면 위험한 위태로운 기업을 거르는 것이 목적이므로 다음의 몇 가지만 기억해두자.

손익계산서에서 꼭 봐야 할 것들

손익계산서에선 영업이익 추이를 보자. 영업이익은 '매출 − (매출원가 + 영업비용)'으로서 얼마나 팔았는지, 비용 통제는 잘했는지를 알 수 있는 수치다. 가령 1만 원짜리 사은품을 주고 1만 원짜리 제품을 팔았다면, 손익계산서에서는 매출 1만 원, 마케팅 비용 1만 원으로 인식된다. 이런 방식으로는 당연히 사업이 지속될 수 없다. 숫자를 통해 사업이 어떻게 흘러가는지 유추할 수는 있지만 기업의 사업 전략도 함께 참고해야 하는 이유다. 일단 영업손실을 보고 있다면 조심해야 한다.

물론 사업을 하다 보면 규모의 경제를 이루거나 효율을 높여 비용을 줄이면서도 매출을 늘릴 수 있다. 그래서 영업손실이 나더라도 그

폭이 점점 감소하고 있는 추이라면 이를 감안해서 볼 수는 있다. 하지만 매출이 늘어나는 동시에 영업손실이 확대되는 경우에는 정말 조심해야 하고, 영업손실폭이 줄어드는 추이라 해도 주의해서 봐야 한다.

이자보상비율도 한 번씩 보는 것이 좋다. 이자보상비율은 영업이익을 이자비용으로 나눈 값이다. 부채를 져서 나가는 이자보다 영업이익이 많아야 사업을 지속할 수 있다.

재무상태표에서 꼭 봐야 할 것들

재무상태표에선 부채비율, 유동비율, 당좌비율을 보면 된다. 부채비율은 '부채 ÷ 자본 × 100'이며, 200% 이상이면 위험하다고 본다. 자본에 비해 부채가 과도하면 위험하다는 뜻인데, 절대적이지는 않다. 예를 들어 자사주 매입을 하면 주주 지분의 가치가 오르지만 분모인 자본이 줄어들어 부채비율은 올라간다.

유동비율은 '유동자산 ÷ 유동부채 × 100'이다. 유동자산은 1년 이내에 현금화할 수 있는 자산이며, 유동부채는 1년 이내에 갚아야 하는 부채다. 즉 유동비율은 당장 1년 내에 회사가 버틸 수 있는지 알아보는 지표다. 만약 유동비율이 200%라면 유동부채보다 유동자산이 2배 많다는 뜻이다. 유동비율이 100~150% 정도는 돼야 건전하다고 본다. 하지만 유동비율이 너무 높아도 그리 좋지 않다. 유동자산이 많다는 말은 현금이나 현금성 자산이 많다는 뜻인데 현금을 너무 많이 갖고 있어도 문제다. 기업은 안정성도 중요하지만 이익을 극대화해야 한다. 자금 건전성을 유지하면서 이익을 극대화하기 위해 현금을 쌓아두지 않고 사업에 계속 투자해야 한다.

현금흐름표에서 꼭 봐야 할 것들

현금흐름표에서도 항목별로 재무 건전성을 판단할 수 있다. 현금흐름에는 영업 현금흐름, 투자 현금흐름, 재무 현금흐름이 있다고 했다. 영업 현금흐름은 양의 값이 나와야 영업활동으로 현금을 창출하고 있다고 해석할 수 있다. 반대로 투자 현금흐름은 음의 값이 나와야 열심히 투자를 하고 있다고 해석할 수 있다. 재무 현금흐름은 차입금을 빌리거나 신주를 발행하거나 배당금을 지급하는 행위 등에서 비롯된다.

만약 영업 현금흐름이 음의 값, 투자 현금흐름이 양의 값, 재무 현금흐름이 양의 값이라면 영업으로 현금을 만들지 못하고, 투자를 하기보단 자산을 매각하면서 외부에서 차입한 돈으로, 혹은 유상증자나 주식 발행 등으로 연명하고 있다는 뜻이다.

재무제표로 보는
루시드 vs 테슬라

루시드의 현금흐름 상태

〈4-1〉은 미국 스타트업 중 하나로 고급 전기차를 만드는 루시드의 2023년 현금흐름표다. 영업 현금흐름이 −24.90억 달러, 투자 현금흐름이 −9.47억 달러, 자금조달 현금흐름(재무 현금흐름)이 30.71억 달러다. 영업활동으로 현금을 거둬들이지는 못하나 투자는 활발히 진행 중이며 차입금 등으로 그 재원을 마련하고 있다고 유추해볼 수 있다. 보통 사업 초기 단계에서 이런 흐름이 많이 보인다.

재무제표를 볼 때는 손익계산서 외에 현금흐름도 확인해야 한다. 아무리 손익계산서상 순이익이 높다 해도 꼭 현금이 많이 들어온다

4-1 루시드의 2023년 현금흐름표

단위: 달러	2023	전년 대비 변동
순이익	-28.28억	↓-116.83%
영업 현금흐름	-24.90억	↓-11.84%
투자 현금흐름	-9.47억	↑74.28%
자금조달 현금흐름	30.71억	↑127.94%
순현금흐름	-3.66억	↑91.98%
잉여 현금흐름	-22.63억	↑91.98%

자료: Investing.com

4-2 루시드의 2022년 현금흐름표

단위: 달러	2022	전년 대비 변동
순이익	-13.04억	↑49.43%
영업 현금흐름	-22.26억	↓-110.39%
투자 현금흐름	-36.82억	↓-775.15%
자금조달 현금흐름	13.47억	↓-81.12%
순현금흐름	-45.61억	↓-180.61%
잉여 현금흐름	-23.35억	↓-193.39%

자료: Investing.com

는 뜻은 아닐 수 있다. 상품을 팔 때 현금이 아니라 매출채권으로 받을 수도 있기 때문이다. 상품을 구입한 회사에서 채권으로 대금을 지급하는 것이다. "나중에 이자 쳐서 줄게" 식이다. 이 역시 매출로 인식은 되지만 현금이 쌓이지 않으니 만약 현금이 필요한 경우엔 사업에 악영향을 줄 수 있다.

그렇다고 현금이 많이 들어오는 것이 무작정 좋지만은 않다. 영업으로 들어오는 현금은 많으면 많을수록 좋다. 하지만 대출을 받아서 현금이 들어올 수도 있는 것이다. 이때는 부채가 늘어나면서 현금이 생긴다. 결국 갚아야 할 현금이다.

지금 영위하고 있는 사업에 재투자하면서 현금을 쓸 수도 있다. 시설을 정비할 수도 있고 생산 공장을 더 지을 수도 있다. 더 좋은 상품을 만들기 위한 연구에 사용할 수도 있다. 이런 경우 지금 현금이 나가도 추후 매출에 긍정적인 영향을 끼칠 수 있기 때문에 투자로 인한 현금유출은 긍정적으로 인식되곤 한다.

이전보다 나아졌는지 추이를 보는 것도 중요하다. 〈4-2〉는 루시드의 2022년도 현금흐름표다. 〈4-1〉과 비교하며 보자.

영업 현금흐름은 -22.26억 달러, 투자 현금흐름은 -36.82억 달러, 자금조달 현금흐름은 13.47억 달러다. 영업 현금흐름은 2022년 -22.26억 달러에서 2023년 -24.90억 달러로 유출이 더 커졌다. 영업으로 현금이 들어오지 않고 오히려 나가기만 하고 있다는 뜻이다. 속사정은 더 들여다봐야 알겠지만, 보통 전기차 제조에 들이는 비용이 너무 크거나 인건비가 너무 많이 드는 등 여러 가지 사유가 있을 것이다. 영업으로 인한 현금흐름은 유입이 돼야 좋은 것인데 유출되고 있으니 루시드의 영업은 무언가 잘못되어가고 있다는 뜻이다. 또한 2022년보다 2023년의 유출폭이 더 큰 것으로 보아 상황은 더 악화되고 있다고 해석할 수 있다.

반면 투자 현금흐름은 −36.82억 달러에서 2023년 −9.47억 달러로 유출이 크게 줄었다. 전기차는 기술의 집약체다. 루시드는 고급 전기차 시장을 공략하려고 하는 만큼 전기차의 퀄리티가 매우 중요한데, 투자로 인한 현금유출이 점점 줄어들고 있다. 투자에 현금을 쓰지 않는다는 뜻이다. 영업으로 현금이 크게 유출되고 있으니 사업을 탄탄히 하기 위한 투자 여력이 줄어드는 것으로 해석할 수 있다.

자금조달 현금흐름은 2022년 13.47억 달러에서 2023년 30.71억 달러로 유입이 크게 늘어났다. 영업으로 현금이 들어오지 않으니 사업을 지속하기 위해선 어디서든 현금을 끌어와야 한다. 자금조달 현금흐름이 늘어났다는 것은 그만큼 차입이 많았다고 해석할 수 있다. 결국 나중에 갚아야 하는 현금이다. 2022년보다 2023년에 차입을 더 많이 했으니 그만큼 사업이 불안정해 보인다.

요약하면, 영업 현금흐름은 2022년 −22.26억 달러에서 2023년 −24.90억 달러로 더 커졌고 투자 현금흐름은 −36.82억 달러에서 2023년 −9.47억 달러로 크게 줄었다. 자금조달 현금흐름은 2022년 13.47억 달러에서 2023년 30.71억 달러로 크게 늘어났다.

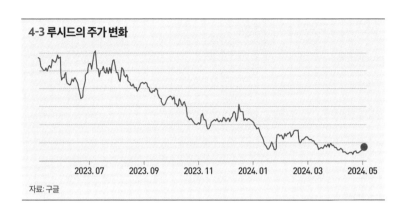

4-3 루시드의 주가 변화

2023. 07   2023. 09   2023. 11   2024. 01   2024. 03   2024. 05

자료: 구글

영업으로 더 많은 현금이 유출되고 투자는 줄어들었다. 차입금이나 증자 등을 뜻하는 자금조달 현금흐름은 더 늘어났다. 2022년에 비해 2023년 회사 상황이 악화된 것이다. 참고로 2023년 5월부터 2024년 5월까지 루시드 주가는 약 65% 하락했다(4-3).

현금흐름 추이를 보았을 때 2022년에도 불안했던 기업이 2023년에는 더 상태가 나빠졌다. 투자는 줄고 영업으로 벌어들이는 현금 또한 없는 상태에서 빠져나가는 돈만 있으니 이런 기업에는 투자하지 않는 것이 좋다.

테슬라의 현금흐름 상태

이번에는 같은 산업 내의 테슬라를 보자. 〈4-4〉와 〈4-5〉의 현금흐름

4-4 테슬라의 2022년 현금흐름표

단위: 달러	2022
순이익	125.56억
영업 현금흐름	147.24억
투자 현금흐름	-119.73억
자금조달 현금흐름	-35.27억
순현금흐름	-12.20억
잉여 현금흐름	41.86억

자료: Investing.com

4-5 테슬라의 2023년 현금흐름표

단위: 달러	2023
순이익	149.97억
영업 현금흐름	132.56억
투자 현금흐름	-155.84억
자금조달 현금흐름	25.89억
순현금흐름	2.65억
잉여 현금흐름	22.30억

자료: Investing.com

표를 보면 2022년 영업 현금흐름은 147.24억 달러, 2023년엔 소폭 감
소했지만 132.56억 달러로 많은 현금을 창출했다. 하지만 투자 현금

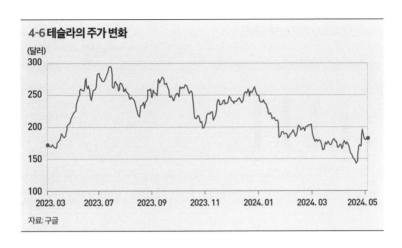

4-6 테슬라의 주가 변화

(달러)

자료: 구글

흐름은 -119.73억 달러에서 -155.84억 달러로 더 공격적으로 투자를 진행 중이다. 자금조달 현금흐름은 -35.27억 달러에서 25.89억 달러로 증가했지만, 영업 현금흐름 규모와 비교했을 때 과도한 차입이나 증자가 있었던 것은 아닌 듯하다. 앞서 본 루시드보다 현금흐름표가 훨씬 긍정적이다.

전기차 산업은 현재 그리 좋은 상황이 아니다. 가격 경쟁이 치열한데 수요도 줄었다. 그런 상황에서 테슬라 주가는 2023년 5월부터 2024년 5월까지 1년간 6.54% 상승했지만 고점 대비로는 40% 가까이 조정을 받은 상태다(4-6).

언젠가 업황이 좋아지리라고 예측할 수 있겠지만, 언제 좋아질지는 예측하기 힘들다. 그 '언제'가 생각보다 훨씬 늦게 올지도 모른다. 그런 상황에선 재무 상태가 좋은 기업이 오래 버틸 수 있다. 영업손실이 계

4-7 인튜이티브 서지컬의 재무제표

단위: 백만 달러(주당 항목 제외)

ISRG 손익계산서

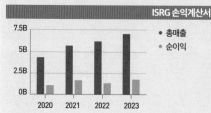

매출총이익률 TTM	66.43%
영업 이익 TTM	25.26
순이익 TTM	27.16
투자수익률 TTM	13.13%

마감기준:	2023년 12월 31일	2022년 12월 31일	2021년 12월 31일	2020년 12월 31일
총매출	7124.1	6222.2	5710.1	4358.4
총 이익	4729.5	4196	3958.5	2861.2
영업이익	1766.8	1605.2	1821	1049.8
순이익	1798	1322.3	1704.6	1060.6

ISRG 대차대조표

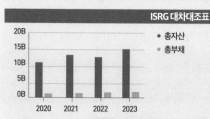

당좌비율 MQR	4.41
유동비율	5.55
장기부채비율	
총부채비율	

마감기준:	2023년 12월 31일	2022년 12월 31일	2021년 12월 31일	2020년 12월 31일
총자산	15441.5	12974	13555	11168.9
총부채	2044.2	1861.4	1603.5	1437.4
총자본	13397.3	11112.6	11951.5	9731.5

ISRG 현금흐름표

주당현금흐름	4
주당수익	20
영업현금흐름	109.35

마감기준:	2023년 12월 31일	2022년 12월 31일	2021년 12월 31일	2020년 12월 31일
기간:	0개월	0개월	0개월	0개월
영업 현금흐름	1813.8	1490.8	2089.4	1484
투자 현금흐름	-360.1	1370.8	-2461.5	-940
재무 현금흐름	-287.6	-2572.3	43	-85
현금순변동	1169.4	294.7	-332.5	455

자료: Investing.com

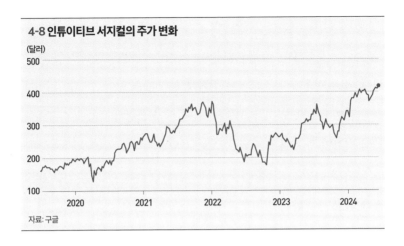

4-8 인튜이티브 서지컬의 주가 변화

(달러)

자료: 구글

속 일어나고 쌓아둔 현금이 없으며, 현금흐름이 나쁘고 부채가 많은 기업은 오래 버티기 힘들다.

탄탄한 기업의 주가 조정은 기회다

테슬라처럼 재무제표가 훌륭하지만 주가는 조정을 받을 수 있다. 비슷한 예로 인튜이티브 서지컬(티커 ISRG)을 들 수 있는데, 〈4-7〉에서 보다시피 매출이 꾸준히 증가하고 수익도 충분히 창출하고 있다. 자산에 비해 부채는 매우 적은 것으로 보아 재무 건전성도 상당히 뛰어나다. 여기에 영업 현금흐름도 매년 창출되고 있으며 순현금흐름도 2022년부터 대폭 좋아졌다.

그럼에도 불구하고 인튜이티브 서지컬은 2022년 가파른 금리 상승으로 주가가 크게 조정받았다(4-8). 2020~2021년에도 코로나19로 인해 수술 건수가 감소하면서 실적에도 타격을 입어 주가는 지지부진했다. 이후 2023년, 그리고 2024년 상반기에 걸쳐 주가가 상승하며 역대 최고가를 기록 중이다. 이처럼 사업은 탄탄하지만 외부 여건으로 인해 흔들리는 것 같을 때, 재무 상태가 좋아 꽤 오랜 기간 버틸 수 있다고 생각한다면 이런 기업들의 주가 조정은 매수 기회로 작용할 수 있다.

재무제표에 나타나는 위험한 신호들

- 영업손실 상태 지속
- 높은 부채 비율, 낮은 유동성 비율
- 마이너스인 영업 현금흐름

매매 동향에서
보이는 것들

시장의 과열 정도를 파악하는 것은 자산 배분에 있어 중요하다. 시장이 과열되어 남들이 레버리지를 크게 일으켜 투자할 때 함께 레버리지를 일으킨다면 매우 위험할 수 있다. 이때는 레버리지를 줄이고 현금 비중을 확보해야 한다. 물론 과열 상태가 오래가면 주가는 크게 상승할 수 있다. 하지만 항상 최악의 상황을 가정해야 한다. 심리가 과열됐다면 크게 조정을 받는 상황이 반드시 온다. 이때 다시 일어날 수 없을 정도로 큰 손실을 보면 안 된다. 시장은 대응하는 것이 아니라 예방하는 것이다.

그렇다면 시장이 과열됐는지를 어떻게 파악할 수 있을까? 우선 투자자 매매 동향을 보면 알 수 있다. 신용 잔고를 볼 수도 있고, 레버리지

4-9 SEIBro에서 해외 주식 매매 동향 알아보기

자료: SEIBro

ETF 투자자들의 증가를 통해서도 파악할 수 있다. 반면 인버스 ETF에 투자하는 이들이 많다면 시장의 단기 전망에 대해 사람들이 상당히 불안해한다는 의미다.

신용 잔고가 많다는 것은 사람들이 주가 상승에 대한 확신에 차서 빚을 내어 투자한다는 뜻이다. 레버리지 ETF에 투자하는 사람이 많다는 것 또한 비슷한 맥락으로 해석할 수 있다. 반면 인버스 ETF에 투자하는 사람이 많다는 것은 그만큼 주가가 하락한다고 생각하는 사람이 많다는 뜻이다. 즉 시장을 비관적으로 전망하는 사람들이 많아졌다는 뜻이다.

매매 동향은 해외 주식의 경우 증권 정보 포털 SEIBro에서 확인할 수 있다. 〈4-9〉를 보자. SEIBro 홈페이지 오른쪽 상단의 '국제 거래' 메뉴에서 '외화증권 예탁결제' 중 '종목별 내역(주식 TOP 50)'을 클릭

순위	국가	종목 코드	종목명	매수 결제
1	미국	US2545…	DIREXION DAILY SEMICONDUCTORS BULL 3× SHS ETF	1,839,627,374
2	미국	US6706…	NVIDIA CORP	1,311,555,817
3	미국	US8816…	TESLA INC	1,294,088,756
4	미국	US7434…	PROSHARES ULTRAPRO QQQ ETF	578,824,058
5	미국	US3874…	GRANITESHARES 1.5× LONG NVDA DAILY ETF	345,388,421
6	미국	US2546…	DIREXION SHARES ETF TRUST DAILY	331,329,881
7	미국	US7434…	PROSHARES ULTRAPRO QQQ ETF	325,560,756
8	미국	US5949…	MICROSOFT CORP	322,812,565
9	미국	US5949…	MICROSTRATGE INC CL A	260,161,073
10	미국	US2546…	DIREXION DAILY 20 YEAR PLUS DRX 20+ YR TREAS BULL 3× SP…	265,015,054

자료: SEIBro

하면 기간별로 매수결제, 매도결제, 매수+매도 결제, 순매수결제 내역까지 모두 살펴볼 수 있다. 국가별로도 상세한 내역을 볼 수 있다.

〈4-10〉은 2024년 4월 1일부터 2024년 5월 1일까지 1개월간의 미국 주식 매수결제 내역이다. 매수결제 1위는 SOXL ETF로 반도체 필라델피아 지수를 3배 레버리지로 추종하는 ETF다. 2위는 엔비디아, 3위는 테슬라이고, 4위 TQQQ는 나스닥100 지수를 3배 레버리지 추종하는 ETF다. 5위는 엔비디아를 1.5배 추종하는 ETF다. 엔비디아의 상승을 전망하는 투자자들이 많다는 뜻이다.

매수결제 순위에서 1위, 4위를 차지하는 것이 모두 3배 레버리지 상품이다. SOXL ETF는 반도체 필라델피아 지수가 하루에 1% 오르면 3% 오르는 식이다. 반면 하루에 필라델피아 지수가 1% 내리

4-11 미국 주식 종목별 순매수결제 순위

순위	국가	종목 코드	종목명	매수 결제	매도 결제	순매수 결제
1	미국	US8…	TESLA INC	1,294,088,756	923,793,886	370,294,870
2	미국	US2…	DIREXION DAILY SEMICONDUCTORS BULL 3x SHS…	1,839,627,374	1,738,662,661	100,964,513
3	일본	JP3…	ISHARES 20+ YEARS US TREASURY BOND JPY HED…	125,124,688	40,975,417	84,149,271
4	미국	US7…	PROSHARES ULTRAPRO QQQ ETF	578,824,058	496,784,173	82,039,885
5	미국	US3…	META PLATFORMS INC CL A	241,027,871	169,397,620	71,630,251
6	미국	US2…	DIREXION DAILY TSLA BULL 1.5× SHARES	217,601,827	152,214,763	65,387,064
7	미국	US8…	SCHWAB US DIVIDEND EQUITY ETF	142,019,116	79,152,889	62,866,227
8	미국	US2…	DIREXION DAILY 20 YEAR PUUS DRX DLY 20+ YR T…	265,015,054	203,656,484	61,353,570
9	미국	US7…	PROSHARES ULTRAPRO BITCOIN ETF	79,867,725	27,567,615	52,300,110
10	미국	US9…	VANGUARD SP 500 ETF SPLR 39326002 188 US92…	88,769,148	41,759,769	47,009,379

자료: SEIBro

면 SOXL ETF는 3%가 내리기 때문에 변동성이 매우 크다. TQQQ ETF는 나스닥100 지수 일일 수익률의 3배를 추종하는 ETF다. 나스닥100 지수가 1% 오르면 TQQQ ETF는 3% 오르고, 나스닥100 지수가 1% 내리면 3% 내린다.

손실이 크게 날 수 있음에도 불구하고 3배 레버리지에 투자하는 사람이 많다는 것은 단기적으로 보았을 때 주가가 상승할 것이라고 강하게 믿고 있다는 의미다.

〈4-11〉의 순매수결제 순위도 보자. 순매수결제 금액이란, 매수결제 금액에서 매도결제 금액을 뺀 수치이다. 대체로 매수결제와 매도결제 간 금액 차이가 별로 없다. 매수하는 사람들만큼 매도하는 사람들 또한 많다는 의미다.

특히 나스닥100 지수 일일 수익률의 3배를 추종하는 TQQQ EFF는 매수결제 순위에선 상위권에 속했지만, 순매수결제에서는 순위권에서 벗어났다. 매수하는 사람들만큼 매도하는 사람들이 많은 것으로 보아, 단기 투자로 접근하여 TQQQ EFT를 매수·매도하는 사람들이 많다는 것을 알 수 있다.

매수결제 순위에서 상위권이던 엔비디아와 엔비디아 1.5배 추종 ETF는 순매수결제 순위에서 아예 밀려났고, 테슬라가 1위다. 엔비디아의 상승을 전망하는 사람들이 많지만 주가가 너무 올라 하락을 전망하는 이들 또한 많은 것으로 해석할 수 있다. 엔비디아 전망에 대해 불안해한다는 뜻이다. 엔비디아의 장기 전망을 밝게 여기는 투자자라면 2024년 4월을 매수의 기회로 삼을 수 있었을 것이다.

순매수결제 순위 1위가 테슬라인데, 순매수결제 금액도 약 3억 7,000만 달러로 다른 종목에 비해 월등하게 높다. 2위인 SOXL ETF의 순매수결제 금액은 약 1억 달러로 약 2억 7,000만 달러의 차이가 난다. 그만큼 테슬라에 대한 믿음이 강하다는 뜻이기에 과열되었다고 판단하고 조심스럽게 접근해야 한다.

순매수결제 순위 7위는 SCHD ETF로, 배당을 중심으로 하는 ETF다. 9는 비트코인 ETF다. 모두 매수결제 금액이 매도결제 금액보다 크게 높다. 배당을 받기 위해 장기 투자하는 사람들과 비트코인에 장기 투자하는 사람들이 많음을 알 수 있다. 또한 테슬라와 메타

플랫폼스를 제외하면 10위 안이 모두 ETF다. 이처럼 ETF 위주로 투자하는 경향은 바람직하다고 생각한다.

주의해야 할 점은, SEIBro 홈페이지에서 보이는 내역들은 한국의 개인 투자자 성향만을 반영한 것이기 때문에 편향이 발생할 수 있다. 예를 들어 우리나라는 테슬라에 대한 믿음이 상당하지만, 다른 나라에선 그렇지 않을 수 있다. 따라서 뒤에 설명할 공포탐욕지수나 RSI 수치 등을 참고해가면서 전체적인 맥락을 보고 판단해야 한다.

참고로 국내 주식 매매 동향은 KRX정보데이터시스템 홈페이지의 '주식' 메뉴 중 '투자자별 거래 실적(개별 종목)'에서 볼 수 있다(4-12).

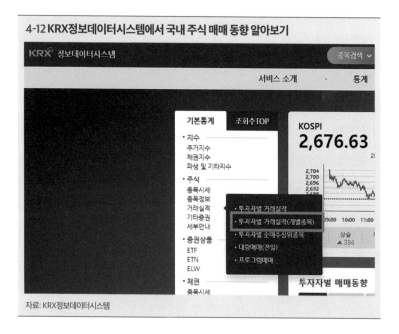

4-12 KRX정보데이터시스템에서 국내 주식 매매 동향 알아보기

자료: KRX정보데이터시스템

공포탐욕지수에서
보이는 것들

시장의 과열 정도를 파악하는 데 유용한 지표 중 하나가 CNN에서 발표하는 공포탐욕지수(fear and greed index)다. 공포탐욕지수는 총 7가지 요소를 종합해 0~100점까지 점수를 낸다. 100점에 가까울수록 탐욕으로 시장이 과열돼 있는 것이고, 0점에 가까울수록 시장이 공포에 물들어 있는 것이다. 0~25점은 극단적 공포(extreme fear), 26~45점은 공포(fear), 46~55점은 중립(neutral), 56~75점은 탐욕(greed), 76~100점은 극단적 탐욕(extreme greed)이다.

공포탐욕지수를 구성하는 7가지 요소는 다음과 같다.

4-13 공포탐욕지수

자료: 구글

정크본드 수요(Junk Bond Demand)

정크본드란 채무 불이행 위험이 높아 신용 등급이 낮은 회사의 채권을 말한다. 현재 영위하고 있는 사업이 어려워지면 쉽게 채무 불이행이 발생할 수 있기 때문에 리스크가 높다. 수익률 또한 일반적인 채권보다 높다. 그래서 하이 리스크 하이 리턴인 위험자산으로 분류된다. 정크본드에 투자금이 많이 몰리면 시장이 과열됐다고 생각할 수 있다.

신용 등급은 S&P, 무디스, 피치 등의 신용평가사에서 매기는데, 예를 들어 S&P에선 신용등급 BB+ 이하를 정크본드로 분류한다. 내가 투자하고자 하는 기업의 신용 등급이 궁금하다면 S&P Global에 접속해 알아볼 수 있다.

일단 회원 가입을 하고 검색창에 기업 이름을 입력한다. TESLA를

4-14 기관별 신용 등급 척도

무디스(Moody's)	S&P	피치(Fitch)	
Aaa	AAA	AAA	최고 등급(prime)
Aa1	AA+	AA+	고등급(high grade)
Aa2	AA	AA	
Aa3	AA-	AA-	
A1	A+	A+	중상급(upper medium grade)
A2	A	A	
A3	A-	A-	
Baa1	BBB+	BBB+	중하위급(lower medium grade)
Baa2	BBB	BBB	
Baa3	BBB-	BBB-	
Ba1	BB+	BB+	투자부적격(non-investment grade speculative)
Ba2	BB	BB	
Ba3	BB-	BB-	
B1	B+	B+	매우 투기적(highly speculative)
B2	B	B	
B3	B-	B-	
Caa1	CCC+	CCC	상당한 위험(substantial risk)
Caa2	CCC		극도로 투기적(extremely speculative)
Caa3	CCC-		회복 가능성 희박
Ca	CC	CC	(default imminent with little prospect for recovery)
	C	C	
C	D	D	채무불이행(in default)
/			
/			

자료: wolfstreet.com

검색해보겠다(4-15). 테슬라는 신용 등급 BBB로, 정크본드에 속하지 않는다(4-16).

반면 노트북 터치 패드, 지문 인식 기술 등으로 유명한 시냅틱스 (Synaptics)의 신용 등급은 BB-로, 정크본드에 속한다(4-17).

4-15 S&P Global에서 테슬라 신용 등급 알아보기

자료: S&P Global

4-16 테슬라의 신용 등급

Tesla Inc.

Issuer Credit Rating

RATING TYPE	RATING	RATING DATE	LAST REVIEW DATE	REGULATORY IDENTIFIERS	CREDITWATCH/ OUTLOOK	CREDITWATCH/ OUTLOOK DATE
Local Currency LT	BBB Regulatory Disclosures	06-Oct-2022	01-May-2024	EEJUKE	Stable	06-Oct-2022
Foreign Currency LT	BBB Regulatory Disclosures	06-Oct-2022	01-May-2024	EEJUKE	Stable	06-Oct-2022

자료: S&P Global

경기가 침체되면 가장 크게 타격을 받는 회사들은 신용 등급이 높지 않은 회사들이다. 전체적으로 소비가 줄어 매출이 신통치 않은 상황에서는, 쌓아놓은 현금이 많은 회사들이 더 잘 버틴다. 반면 부채가 많고 현금이 별로 없는 회사들은 버티기 어려워진다. 그래서 경기가 침체되고 전망이 부정적일 때 정크본드는 더더욱 취약해져 수요가 급

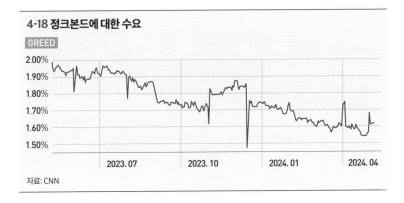

4-17 시냅틱스의 신용 등급

Synaptics Inc.

Issuer Credit Rating

RATING TYPE	RATING	RATING DATE	LAST REVIEW DATE ❓	REGULATORY IDENTIFIERS	CREDITWATCH/ OUTLOOK	CREDITWATCH/ OUTLOOK DATE
Local Currency LT	BB- Regulatory Disclosures	08-Mar-2021	15-Nov-2024	EEJUKE	Stable	15-Nov-2024
Foreign Currency LT	BB- Regulatory Disclosures	08-Mar-2021	15-Nov-2024	EEJUKE	Stable	15-Nov-2024

자료: S&P Global

4-18 정크본드에 대한 수요

GREED

2.00%
1.90%
1.80%
1.70%
1.60%
1.50%

2023. 07   2023. 10   2024. 01   2024. 04

자료: CNN

감한다. 반면 경기가 회복된다면 당장은 재무 상태가 부실한 회사도 제품이나 서비스가 잘 팔릴 확률이 높고 투자도 활발해지기 때문에 채무 불이행의 가능성이 낮아진다. 시장에서 앞으로의 경기를 낙관적으로 본다면 정크본드의 수요도 증가한다. 〈4-18〉을 보면 채권금리가 2.00%에서 1.60%로 점점 하락하는데, 정크본드 수요가 높아지고 있다는 뜻이고, 따라서 왼쪽 상단에 'GREED(탐욕)'라고 표기한 것이다.

시장 모멘텀(Market Momentum)

시장 모멘텀은 S&P500 지수가 125일 이동평균선과 비교해서 얼마나 높거나 낮은지를 본다. 이동평균선이란 특정 기간의 주가 평균을 계산한 선이다. 주식은 1주일 중 주말을 제외한 5일만 장이 열리기 때문에 5일 이동평균선은 1주일간의 평균 주가 움직임이라고 생각하면 된다. 20일 이동평균선은 1개월간의 평균 주가 움직임이다. 125일 이동평균선이면 약 6개월간의 평균 주가 움직임이라고 생각하면 된다.

S&P500 지수가 125일 이동평균선보다 낮다면 6개월간 평균 주가보다 현재 주가지수가 낮은 수준에 머무르고 있다는 뜻이고, S&P500 지수가 125일 이동평균선보다 높다면 6개월 평균 주가보다 현재 주가지수가 높은 수준에 머무르고 있다는 뜻이다. 즉 S&P500 지수가 125일 이동평균선보다 낮으면 공포, 높으면 탐욕 쪽에 있는 것이다.

주가가 짧은 기간 급격하게 올라 이동평균선보다 위에 있다면 보통 차익을 실현하고 싶은 욕구가 커지기 때문에 이동평균선 쪽으로 주가 하락 압력이 커진다. 반면 이동평균선보다 현재 주가가 아래에 있다면 저가 매수 수요가 커지기 때문에 이동평균선 쪽으로 주가 상승 압력이 커진다.

〈4-19〉를 보면 2024년 4월 말 기준 현재 주가 수준이 지난 6개월

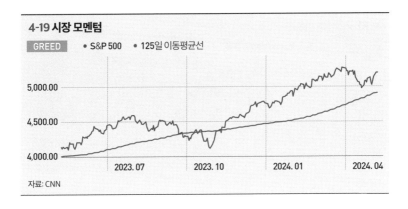

4-19 **시장 모멘텀**

GREED • S&P 500 • 125일 이동평균선

자료: CNN

평균 주가 수준보다 높으므로 CNN은 탐욕으로 판단했다.

풋옵션과 콜옵션(Put and Call Option)

옵션이란 투자자에게 합의된 가격과 날짜에 주식이나 지수, 기타 금융 증권 등을 사고팔 수 있는 권리를 부여하는 계약이다. 풋옵션은 추후 팔 권리를 갖는 매도 옵션이고, 콜옵션은 추후 살 권리를 갖는 매수 옵션이다. 콜옵션 대비 풋옵션 비율이 높아진다면 일반적으로 시장을 부정적으로 전망한다는 것이고, 이 비율이 높을수록 공포에 가까워진다. 반대로 시장 전망이 낙관적이면 콜옵션 비율이 높아지면서 풋옵션 대비 콜옵션 비율 값이 1 미만으로 떨어진다. 이 경우 시장이 과열되어가고 있다는 뜻이다.

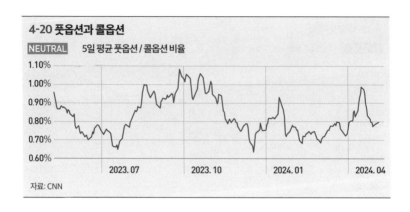

4-20 풋옵션과 콜옵션

NEUTRAL 5일 평균 풋옵션 / 콜옵션 비율

1.10%
1.00%
0.90%
0.80%
0.70%
0.60%

2023. 07   2023. 10   2024. 01   2024. 04

자료: CNN

주식 가격 폭(Stock Price Breadth)

주식 가격 폭은 종목별로 거래량을 위주로 보는 지표다. 맥클레란 거래량 지수(McClellan Volume Summation Index)라고 해서 가격이 상승하는 주식의 거래량과 가격이 하락하는 주식의 거래량 비율을 본다. 주가가 상승하면서 거래량이 많으면 시장 심리는 탐욕에 가까운 것이고 주가가 하락하면서 거래량이 많으면 공포에 가까운 것이다. 즉 해당 지수의 값이 높을수록 탐욕에 가깝다.

주식 가격 강도(Stock Price Strength)

주식 가격 강도는 52주 신고가를 달성한 주식과 52주 신저가를 기록

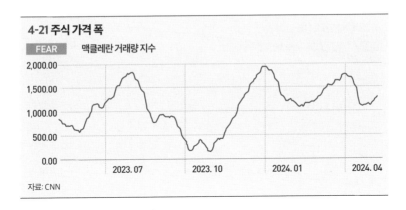

4-21 주식 가격 폭

FEAR 맥클레란 거래량 지수

자료: CNN

한 주식을 비교하는 것이다. 지수만 보면 소수의 대형주 시가총액 비중이 워낙 크기 때문에 왜곡될 수 있어서 이를 보정하기 위한 수치다. 예를 들어 애플이나 마이크로소프트, 엔비디아와 같이 시가총액이 매우 큰 종목만 급등하여 52주 신고가를 기록하고 있고, 다른 중소형 주식들은 모두 하락하여 52주 신저가를 기록하고 있는 상황을 가정해보자. S&P500 지수나 나스닥100 지수는 상승할 것이다. 그래서 시장 모멘텀 등은 '탐욕'으로 나타날 수 있다. 하지만 시가총액이 매우 큰 빅테크에 투자한 사람들 말고는 모두 손실을 겪고 있어 실제로는 '공포'에 더 가까울 수 있다. 이때 시장 심리를 탐욕 상태로 판단하지 않도록 보정하는 것이 주식 가격 강도다.

주식 가격 강도는 중소형주 종목 1개와 시가총액이 매우 큰 종목 1개의 비중이 동일하며, 52주 신저가를 기록한 주식보다 52주 신고가를 기록한 주식의 수가 많으면 탐욕을 나타낸다. 〈4-22〉를 보면 52

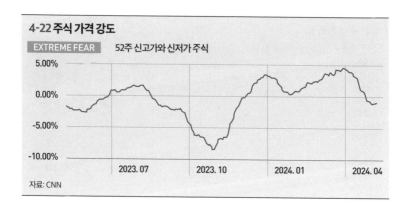

4-22 주식 가격 강도

EXTREME FEAR　　52주 신고가와 신저가 주식

자료: CNN

주 신고가를 기록한 종목과 52주 신저가를 기록한 종목의 비율이 비슷하지만, CNN은 극단적 공포(EXTREME FEAR) 상태로 판단하고 있다. 수치가 같아도 CNN에선 나름의 계산식에 따라 어떤 때는 공포, 다른 때는 극단적 공포라고 판단하기도 한다. 각각의 항목이 어떤 것을 의미하는지 대략적으로만 알아놓으면 도움이 되겠다.

시장 변동성(Market Volatility)

시장 변동성 지수(Volatility Index, VIX)는 CBOE 변동성 지수(Chicago Board Options Exchange Volatility Index)다. 향후 30일 동안 S&P500 지수가 얼마나 변동할지 투자자들의 생각을 반영한다. 그렇다면 어떻게 반영할까?

옵션이라는 개념을 다시 한 번 살펴보자. 앞서 언급했듯이 콜옵션은 미리 정한 가격으로 미래에 살 수 있는 권리다. 어떤 주식을 5,000원에 살 수 있는 권리(콜옵션)를 샀는데 그 주식이 1개월 뒤 1만 원이 되었다면 콜옵션을 행사해서 1만 원짜리 주식을 5,000원에 살 수 있다.

풋옵션은 미리 정한 가격으로 미래에 팔 수 있는 권리다. 어떤 주식을 5,000원에 팔 수 있는 권리(풋옵션)를 샀는데 그 주식이 1개월 뒤 2,500원이 되었다면 주식을 2,500원에 사고 풋옵션을 행사해서 5,000원에 팔아 2,500원의 차익을 누릴 수 있다.

미래에 오를 것이라고 생각하면 콜옵션을, 내릴 것이라고 생각하면 풋옵션을 산다. 그런데 앞으로 어떤 주식이 크게 오를 것이라고 확신하는 사람이 많고 크게 내릴 것이라고 믿는 사람도 많다면, 콜옵션과 풋옵션에 투자자들이 얼마를 지불할 것인가. 이 격차 또한 크게 증가한다. 변동성이 커질 때 벌어지는 일이다. 이렇게 콜옵션과 풋옵션 가격에 따라 변동성이 결정되고 이를 기반으로 시장 변동성을 측정한 것이 VIX 지수다. 변동성이 높으면 투자자들은 주가를 예측하기가 더 어렵다. 반면 변동성이 낮으면 상대적으로 예측이 쉽기 때문에 비교적 편안하게 투자할 수 있다.

주가가 상승할 때는 VIX 지수가 하락하고, 주가가 급락할 때는 VIX 지수가 급등하는 경향이 있지만 언제나 그런 것은 아니다. VIX

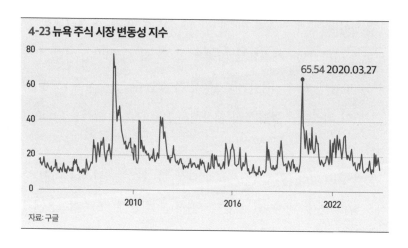

4-23 뉴욕 주식 시장 변동성 지수

65.54 2020.03.27

자료: 구글

지수가 하락하는데 주식 시장도 하락할 수 있다. 보통 주식 시장이 이미 크게 침체되어 있고 계속 하락할 것이라는 전망이 만연해 있다면 그럴 수 있다.

VIX 지수가 상승하는데 주식 시장은 하락하고 있다면, 갑작스러운 하락일 확률이 크다. 예를 들면 2020년 3월 코로나19 사태가 일어났을 때 주가는 갑작스럽게 하락했고, 이때 VIX 지수는 서브프라임 사태 이후 최고치를 기록했다.

VIX 지수가 하락하는데 주식 시장은 상승하고 있다면 주식 시장이 안정적으로 상승하고 있다는 것을 의미하고, 투자자들은 앞으로의 상승이 예측 가능하다고 느껴 투자하기 쉬워진다.

반면 VIX 지수가 상승하면서 주식 시장도 상승하고 있다면, 오히려 주식 시장이 과열되었다고 해석할 수도 있다. 어떤 이유로 많은 사

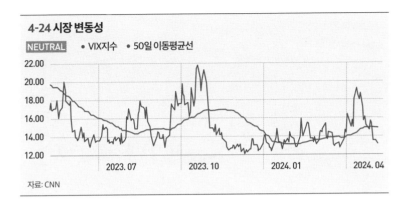

4-24 시장 변동성

NEUTRAL · VIX지수 · 50일 이동평균선

자료: CNN

람이 갑작스럽게 주식 시장에 뛰어들어 가격이 급등했다면 변동성이 커졌기 때문에 VIX 지수는 상승한다. 투기 세력, 혹은 단기 투자를 하는 사람들이 많아졌다고도 해석할 수 있다.

〈4-25〉와 같이 주가가 떨어질 때 VIX 지수는 상승해왔다. 일반적으로 VIX 지수가 30이 넘으면 변동성이 커졌다고 판단하고 CNN의 공포탐욕지수는 투자자들의 심리가 공포에 가까워졌다고 해석한다.

안전자산 수요(Safe Haven Demand)

안전자산 수요는 지난 20거래일 동안의 주식 수익률과 국채 수익률 차이를 계산하여 파악한다. 국채는 미국 정부가 재정 마련을 위해 발행하는 부채다. 미국은 경제가 워낙 탄탄하고 채무 불이행 가능성이

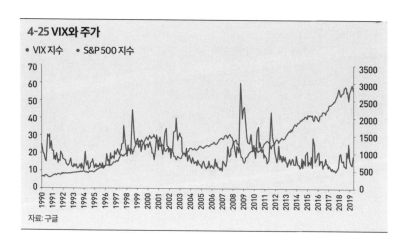

4-25 VIX와 주가

● VIX 지수 ● S&P 500 지수

자료: 구글

극히 적기 때문에 미국 국채는 안전자산으로 분류된다. 그래서 장기
적으로 볼 때 미국 국채의 수익률은 미국 주식보다 떨어진다.

사람들이 주식에 많이 투자할수록 주식 수익률은 올라간다. 하지
만 경제적인 위기나 경기 침체가 오면 위험자산인 주식을 매도하고
미국 국채에 투자 수요가 몰린다. 그래서 국채 수익률이 올라간다.
〈4-26〉을 보자. 2024년 5월 8일 기준으로 지난 20거래일간 국채 수
익률이 더 좋았음을 알 수 있다. 이처럼 국채의 수익률이 더 좋을 경
우, 안전자산 수요는 주식 수익률에서 국채 수익률을 뺐을 때 음의
값이 나오고 시장 심리는 공포에 더 가깝다고 해석할 수 있다.

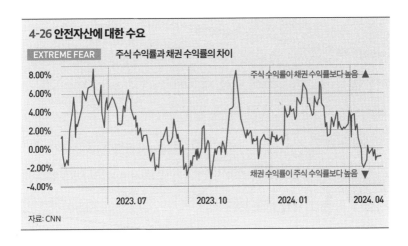

4-26 안전자산에 대한 수요

EXTREME FEAR · 주식 수익률과 채권 수익률의 차이

주식 수익률이 채권 수익률보다 높음 ▲

채권 수익률이 주식 수익률보다 높음 ▼

8.00%
6.00%
4.00%
2.00%
0.00%
-2.00%
-4.00%

2023. 07   2023. 10   2024. 01   2024. 04

자료: CNN

공포탐욕지수 활용 시 주의사항

지금까지 공포탐욕지수에 대해 알아보았다. 이 지수 또한 하나의 보조 지표일 뿐이다. 시장 상황을 정확히 반영하는 지표는 없다. 그럼에도 불구하고 공포탐욕지수가 높다면 주식 비중을 늘릴 때 주의할 수 있고, 낮다면 손절할 때 다시 한 번 생각해볼 수 있기에 매매할 때 참고하기 좋다.

주의할 점은, 공포탐욕지수가 높아 시장이 탐욕 상태라고 생각하고 매도해버리면 추후 기나긴 상승장이 왔을 때 큰 수익률을 얻지 못할 수 있다. 강세장일 경우 시장이 과열된 상태가 지속될 수 있기 때문이다. 상승 추세는 짧게는 며칠이지만, 길게는 몇 달에서 몇 년까지 갈 수도 있다. 실제로 2023년 12월 중순부터 2024년 4월 초까지 공포탐욕지수는 3개월 넘게 75 부근을 맴돌면서 탐욕과 극단적 탐욕 상태를 넘나들었다. 마찬가지로 하락 추세일 때도 공포 상태에 오래 머무를 수 있으니 초반에 빨리 매수해버리면 손실을 크게 입을 수 있다.

그래서 분할 매수, 분할 매도가 중요하다. 미국의 S&P500 지수나 나스닥100 지수가 여전히 수십년간 우상향하리라는 믿음이 있다면, 시장이 탐욕 상태일 때는 매수를 자제하며 그렇다고 매도하지도 않고, 시장이 공포 상태일 때만 예산을 정해놓고 분할 매수를 진행하는 식으로 매매 전략을 짤 수 있다. 매수와 매도를 반복하며 자산 회전율을 너무 높게 만드는 것은 매매비용 관점에서도, 또 장기 투자와 시간 효율성 관점에서도 좋지 않다.

또 한 가지, 공포탐욕지수에서 아쉬운 점은 시장 전체만 반영한다는 것이다. 지수를 기준으로 세부 지표가 계산되어 합산되기 때문에 지수 전체에 투자하는 인덱스 펀드가 아니라 개별 종목을 매매할 때는 유용성이 상당히 떨어진다. 가령 시장이 침체되어도 어떤 종목은 과열될 수 있기 때문이다.

RSI에서
보이는 것들

공포탐욕지수처럼 전체 시장이 아니라 종목별로 투자 심리가 과열됐는지 파악할 수 있는 보조 지표가 필요하다. 그중 하나가 RSI(Relative Strength Index)다. 상대강도지수라고 하는데, 해당 종목이 얼마나 과열됐는지, 혹은 소외됐는지 보여준다. RSI가 높을수록 주가의 상대 강도는 크고, 과열됐다고 해석할 수 있다. 반대로 낮으면 상대 강도가 낮고 저평가됐다고 해석할 수 있다. 그래서 과매수와 과매도 상태를 확인할 수 있다. RSI가 보통 70이 넘으면 과매수, 30보다 낮으면 과매도 구간이라고 해석한다. RSI 수치를 확인하는 방법과 함께 종목별로 RSI 추이를 보면서 단기 고점일 때 RSI는 얼마인지, 단기 저점일 때는 어느 정도인지 확인해보자.

4-27 대신증권 크레온에서 RSI 확인하기

자료: 대신증권

RSI를 확인하는 방법에는 여러 가지가 있다. 주식을 사고파는 증권사 모바일 앱(MTS)에서도 확인이 가능하고, PC에서 홈 트레이딩 시스템(HTS)으로 확인할 수도 있다. 해외 주식 가격 등을 확인할 수 있는 인베스팅닷컴(Investing.com)에서도 확인할 수 있다. 〈4-27〉은 내가 사용하는 대신증권 모바일 앱 크레온의 화면이다. 보통은 주가를 확인하는 곳 하단에 보조 지표로 거래량이 표시되어 있을 것이다. 하

4-28 Investing.com 홈페이지

자료: Investing.com

4-29 Investing.com의 애플 검색 결과

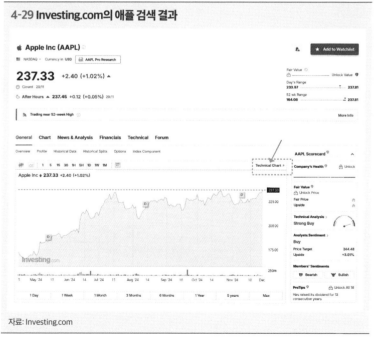

자료: Investing.com

4-30 애플 주가와 거래량

주가

거래량

자료: Investing.com

4-31 RSI 확인 방법

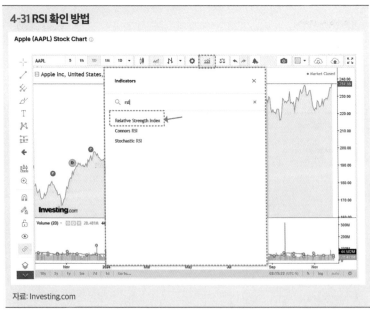

자료: Investing.com

단을 터치하면 RSI를 볼 수 있다.

이번엔 Investing.com에서 RSI를 확인하는 방법을 알아보겠다. 홈페이지 상단 통합검색창에서 알고 싶은 기업을 검색한다(4-28). 애플을 검색했더니 〈4-29〉와 같은 결과가 나왔다. 여기서 'Technical Chart'를 클릭하면 〈4-30〉과 같은 페이지가 나온다. 페이지 상단에서 주가를 확인할 수 있다. 애플 주가는 2024년 12월 2일 기준 237.33달러다. 하단에서는 거래량을 확인할 수 있다. 2024년 12월 2일 기준 약 445만 8,200만 건이다. 여기서 보조 지표 RSI를 확인하려면 차트 모양의 아이콘을 클릭한다.

수많은 보조 지표가 나타날 텐데, 검색창에 RSI를 입력하고 'Relative Strength Index'를 클릭한다(4-31). 그러면 애플의 주가와 RSI를 비교한 그래프가 나타난다(4-32). 이렇게 RSI를 볼 수 있다. 2024년 12월 2일 기준 RSI는 66.4292임을 확인할 수 있다. 하단에 보라색 바탕으로 따로 표시된 영역은 RSI 값 30에서 70 사이를 표시한 것이다. 보통 이 영역을 위로 벗어나서 RSI 값이 70을 넘는다면 과매수되어 투자가 과열되었다고 보고, 30보다 아래에 있다면 과매도되어 투자가 침체되었다고 여긴다.

〈4-33〉을 보면, 주가 상승 추세에선 2023년 상반기에 6개월 정도 RSI가 60~70을 유지했고, 2024년 1분기 하락 추세일 때는 30~50을 유지했다. 이렇게 주가의 추세에 따라서 과열 정도는 오래 지속될 수

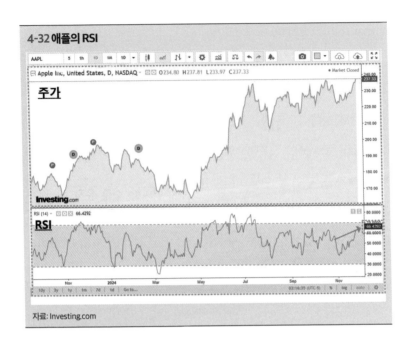

4-32 애플의 RSI

자료: Investing.com

있기 때문에 역시 분할 매수, 분할 매도가 중요하다.

직장인이나 자영업자는 장기 투자를 하며 매매 횟수를 최대한 줄이는 것이 좋다. 수수료도 수수료지만, 매매를 많이 할수록 실수를 저지를 확률이 커지고 시간과 에너지도 많이 빼앗긴다. 어떤 종목에 대해 오랫동안 우상향한다는 믿음이 있다면, RSI를 활용하며 과매수 상태에선 매수나 매도를 하지 않고 과매도 상태에서만 매수하며 비중을 늘려가는 식으로 매매 전략을 수립할 수 있다.

RSI 역시 완벽한 지표는 아니다. 과매수와 과매도 경향을 파악할 수 있을 뿐 완전히 주가와 동기화되어 움직이는 것은 아니기 때문에

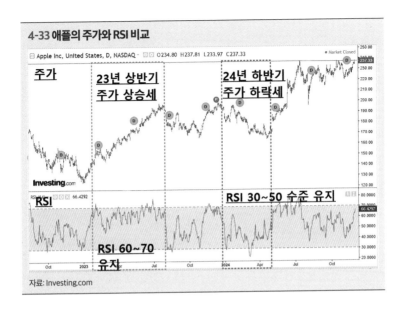

4-33 애플의 주가와 RSI 비교

주가

23년 상반기
주가 상승세

24년 하반기
주가 하락세

RSI

RSI 30~50 수준 유지

RSI 60~70
유지

자료: Investing.com

맹신해선 안 된다. 또한 여러 보조 지표를 한꺼번에 본다 해도 신뢰성
은 올라가지 않으니 한두 가지만 활용하는 것이 효율적이다.

성공적인 투자는 위험을 피하는 것이 아니라 위험을 관리하는 것이다.
Successful investing is about managing risk, not avoiding it.

벤저민 그레이엄 *Benjamin Graham*

5장

대처,
종목의 발굴

What's An
ETF

건초에서 바늘 찾지 말고 건초를 사라

ETF(Exchange Traded Fund)는 특정 지수를 추종하는 인덱스 펀드인데, 거래소에 상장시켜 주식처럼 쉽게 사고팔 수 있다. 주식에 분산 투자하는 펀드의 장점과 쉽게 매매할 수 있는 주식의 장점을 합쳐놓아 상장지수 펀드라고도 불린다. 코스피, 코스닥, 나스닥, S&P500 등 시장지수를 추종하는 ETF, 배당주만 모아놓은 종목을 편입시켜 지수를 만들고 이를 추종하는 ETF도 있다.

자산운용사 뱅가드그룹 창립자 존 보글은 그의 책《모든 주식을 소유하라》에서 건초 더미에서 바늘을 찾을 게 아니라 건초 더미를 사라고 했다. 시장을 이기려 들지 말고 지수를 추종하는 펀드를 사라는 뜻이다. 워런 버핏도 유서에서 아내에게 유산을 남기며 그중 10%를 국채에, 나머지 90%는 모두 S&P500 인덱스 펀드에 투자하라고 했다. 이들의 말에서 우리가 알 수 있는 것은 미국 시장에 대한 그들의 믿음, 그리고 건초 더미에서 바늘 찾기는 매우 어렵다는 점이다.

기업 하나하나를 공부할 시간이 부족한 직장인, 자영업자에게 ETF 투자는 좋은 전략이다. ETF는 장점이 많다. 많은 종목이 들어 있는 펀드 개념이라 분산 투자가 가능하다. 기업에서는 예측 불가한 일들이 일어난다. 정부의 규제를 받거나 소송에 휘말릴 수도 있고, 지진이나 화재의 영향을 받을 수도 있다. 따라서 한 기업에만 투자하는 것은 매우 위험하다.

공부 효율 면에서도 분산 투자가 유용하다. 특정 산업에 투자하고자 할 때 그 산업 종사자가 아니라면 아무리 공부해도 깊이가 얕을 수밖에 없다. 해당 산업 내에서도 성장성과 전망이 더 좋은 분야가 존재하지만 이를 따라가려 하면 많은 시간을 할애해야 할 것이다. 그러니 ETF를 통해 해당 산업과 관련된 모든 기업의 주식을 사는 편이 낫다. 산업 성장의 수혜를 받으면서도 분산 투자로 위험은 최소화하는 전략이다.

또한 ETF가 추종하는 지수는 주기적으로 리밸런싱된다. ETF 구성 종목 중 하나가 주가가 너무 많이 올라 비중이 커지면 해당 종목의 비중을 조정한다. 이를테면 상위 5개 종목의 비중은 각각 8%를 넘지 않게, 나머지 종목들의 비중은 4%를 넘지 않게 지수가 유지된다. 그러다 몇몇 종목의 주가가 오르면 어떤 비중이 8%, 혹은 4%를 초과할 수 있다. 이때 분기마다, 혹은 반기마다 리밸런싱을 통해 비중을 조정한다. 즉 한 번 ETF를 매수하면 내가 따로 매매하지 않아도 고점 매도와 저점 매수의 효과까지 누릴 수 있다.

ETF의 놀라운 혜택들

ETF는 주식뿐 아니라 금, 은, 원자재, 리츠, 채권, 인버스, 레버리지 등 여러 파생상품까지 거래가 가능하다. 굳이 여러 플랫폼에서 금 사고 채권 사고 하는 것보다 주식 거래하듯이 한 번에 매매가 가능해서 좋다.

게다가 연금저축계좌나 개인형퇴직연금(IRP)을 활용하면 세액 공제와 과세 이연 효과까지 누릴 수 있다. 연금저축계좌와 IRP를 합쳐서 1,800만 원까지 납입 가능하며, 2023년 1월 1일 이후 납입분부터는 연금저축 납입액은 최대 600만 원, IRP 납입액은 최대 900만 원까지 세액 공제를 받을 수 있다. 종합소득금액 4,500만 원 이하 또는 총급여 5,500만 원 이하는 16.5%, 종합소득금액 4,500만 원 초과 혹은 총

급여 5,500만 원 초과일 경우 세액공제율은 연간 납입액의 13.2%다.

총급여 5,500만 원 이하의 근로자라면 연금저축, IRP를 합쳐서 연간 900만 원을 납입했을 때 148만 5,000원의 세액을 공제받는 것이다. 연금저축, IRP 모두 ETF 매매가 가능하다. 다만 IRP는 예적금 등 안전자산의 비중을 최소 30%는 유지해야 하고, 연금저축은 100% 위험자산에 투자가 가능하다. 인버스나 레버리지 ETF는 투자가 불가능하니 참고하자.

또 하나의 세금 혜택은 과세 이연이다. 원화 자산보단 해외 자산에 투자해야 한다고 계속 강조했는데, ETF도 국내에 상장된 해외주식형 ETF 위주로 매매하기를 추천한다. 매매차익에 대해서 배당소득세 15.4%가 부과되지만, IRP나 연금저축계좌를 이용하면 배당소득세를 내지 않는다. 만 55세 이상이 됐을 때 연금을 수령한다면 연금 수령액 연간 1,200만 원 이하분에 대해 연금소득세만 내면 된다. 세율은 만 55~69세가 5.5%, 만 70~79세가 4.4%, 만 80세 이상은 3.3%다. 또한 연금소득 1,200만 원을 초과하면 다른 소득과 합산해 종합과세했지만, 2023년부터 분리과세가 가능해졌다. 연금 수령 시점에 종합소득이 많다면 최고 45%까지 부과됐지만, 연금 수령분이 분리과세가 되어 15%만 세금이 부과된다.

연금저축은 중도 인출이 가능하지만 IRP는 천재지변을 당했을 때나 무주택자가 주택을 구매할 때, 혹은 임차보증금을 부담할 때, 파산, 회생과 같은 불가피한 때를 제외하면 중도 인출이 불가능하다. 그래서 젊을 때는 연간 세액공제 한도가 600만 원인 연금저축을 먼저 채워 넣고, 그다음에 여유가 있으면 IRP에 300만 원을 납입하기를 추천한다. 젊을수록 예적금보다는 위험자산에 투자하는 것이 더 나은데, 연금저축은 상품 종류가 더 많고 위험자산에 100% 투자할 수 있기 때문이고, 젊을수록 중도 인출이 필요할 일이 상대적으로 많기 때문이다.

분산 투자와 집중 투자

분산 투자와 집중 투자를 나누는 기준은 안정성이다. 집중 투자를 하는 이유는 높은 수익률을 얻기 위해서다. 하지만 포트폴리오가 한쪽으로 편중되면 자산이나 현금흐름이 크게 감소했을 때 내 생활에 영향을 미칠 수 있다. 목돈이 필요한 상황까지 겹치면 손실을 감수하고 투자금을 회수해야 할 수도 있다. 레버리지까지 크게 활용하고 있었다면 투자금을 모두 회수해도 감당이 안 될 수 있다.

좋은 ETF의
조건

추적오차, 운용보수, 괴리율이 적을 것

최근 ETF 시장이 급격히 성장하면서 경쟁이 치열해져 매달 배당금
을 주는 ETF 등 투자자들의 이목이 집중될 만한 상품이 많이 나오
고 있다. 이렇듯 여러 종류의 ETF 중 매매 전략이 복잡하고 운용보
수가 비싼 ETF는 피하는 게 좋다. 전략이 검증되지 않은 ETF는 예
측하기 어렵고 운용보수도 비싸다.

인버스 ETF나 레버리지 ETF 같은 파생상품 기반의 ETF는 운용
보수도 비싸지만 기초지수를 제대로 추종하지 못하는 일까지 벌어질
수 있다. 이를 추적오차라고 한다. 추적오차는 기초지수와 실제 ETF

가치 간의 차이로, ETF를 어떻게 운용하느냐에 따라 기초지수를 추종하지 못할 때가 있다. 예를 들면 S&P500 지수를 추종하는 ETF의 추적오차가 크면 S&P500 지수가 1% 올라도 ETF는 1%가 오르지 못한다.

괴리율도 확인해보자. ETF의 시장 가격과 ETF의 순자산 가치(Net Asset Value, NAV) 간에 살짝 차이가 날 수 있는데 이를 괴리율이라고 한다. ETF 유동성이 낮은 경우 괴리율이 커질 가능성이 높다. 유동성이 낮다는 것은 사고파는 사람이 적다는 뜻이다. 예를 들어 ETF 가격이 10달러(순자산 가치)인데, 이 ETF를 매도하려는 사람이 1명, 매수하려는 사람도 1명밖에 없다고 가정해보자. 1명은 9달러에 사기를 원하고, 다른 1명은 11달러에 팔기를 원해서 9달러 혹은 11달러에 거래가 된다면 ETF의 순자산 가치와 1달러의 차이가 나게 된다. 반면 해당 ETF를 사고팔려는 사람이 많아질수록, 즉 유동성이 커질수록 적정 가치인 10달러에 사고팔려는 사람들이 많아질 것이다. 따라서 유동성이 낮을수록 괴리율이 커지는 것이다.

추적오차와 괴리율 확인하는 법

좋은 ETF란 내가 추구하는 매매 전략과 구성 종목이 맞는 것이 첫

5-1 SQQQ의 추적오차와 괴리율			
자산	3,088,085,445	발행주수	286,351,000
보수(%)	0.95%	배수	300
배당 수익률(%)	8.67%	배당주기	분기
설정일	2010. 02. 09	운용사	ProShares
모닝스타 평가	★★★★★	NAV/ NAV 등락	10.6120 -0.7333
자산 유형	Miscellaneous	추적오차	82.95
카테고리 유형	Trading-inverse equity		
자산군	Miscellaneous		
추적지수	NASDAQ 100 TR USD		
자료: 키움증권			

5-2 QQQ의 추적오차와 괴리율			
자산	268,395,525,363	배수	100
보수(%)	0.20	배당주기	분기
배당 수익률(%)	0.58	리스크 점수	5.38
설정일	1999. 03. 10	운용사	Invesco
모닝스타 평가	★★★★	NAV	454.4100
자산 유형	Equity	NAV 대비	82.95
카테고리 유형	Large growth	추적오차	3.85
자산군	US equity		
추적지수	NASDAQ 100 TR USD		
발행주수	590,100,000		
자료: 키움증권			

번째다. 배당 관련주 위주로 투자하고자 하면 코카콜라처럼 배당으로 유명한 주식들이 포함되어 있는지 보면 되는 것이다. 그 외에 운용보수, 추적오차, 괴리율 등을 고려하면 된다. 괴리율과 추적오차는 증권사 MTS나 HTS에서 확인 가능하다.

예를 들어 나스닥100 지수의 일간 운용 실적 역방향으로 3배에 상응하는 투자 수익률을 추구하는 ETF인 SQQQ를 보자. 한 증권사 앱에서 확인한 결과 2024년 5월 9일 기준 시장 가격은 10.61달러인데 〈5-1〉을 보면 NAV가 10.6120달러로 거의 차이가 없다. 순자산 가치와 실제 시장 가격이 비슷하므로 괴리율이 크지 않다. 아마도 SQQQ에 투자하는 사람들이 많아 유동성이 확보되었기 때문일 것이다. 한

편 SQQQ ETF의 추적오차는 82.95로 높은 편이다. 반면 나스닥100 지수를 추종하는 QQQ의 추적오차는 3.85밖에 되지 않는다(5-2). 추적오차가 0에 가까울수록 기초지수를 잘 추종한다고 볼 수 있다. 참고로 운용보수가 높은 ETF일수록 추적오차는 커진다. 운용사에서 운용보수를 가져가는 만큼 수익이 줄어들기 때문이다. 실제로 나스닥 100 지수를 추종하는 QQQ의 운용보수는 0.20%로 저렴한 편이며, 나스닥100 지수의 일일 수익률을 역으로 3배 추종하는 SQQQ의 운용보수는 0.95%로 비싼 편에 속한다.

모르면 분산 투자, 알면 집중 투자

분산 투자를 하되 집중 투자를 섞는 것도 한 방법이다. ETF 투자를 기본으로 하면서 몇 가지 산업, 몇 개의 기업만 공부해 시장 초과수익률을 노리는 것이다.

레버리지 ETF 파생상품을 통해 시장 초과수익률을 노릴 수도 있다. 물론 레버리지 ETF 상품은 변동성이 매우 크다. 운용보수도 비싸고 추적오차나 괴리율이 큰 경우가 많다. 그럼에도 불구하고 연평균 투자수익률이 높다면 투자해볼 만하다. 모든 단점을 이겨낼 만큼 수익률이 높다면 장기 투자의 효과를 낼 수 있다.

단, 단일 종목 레버리지 파생상품은 권하지 않는다. 변동성이 훨씬 크고, 연평균 수익률을 예측하기가 안정적이지 않다. 만약 예측했던 전망에서 크게 빗나갔고, 해당 종목에 많이 투자했다면 손실이 걷잡을 수 없어진다. 그러면 시장에서 퇴출될 확률이 크기 때문이다.

내게 맞는
ETF 찾는 법

국내 ETF 검색하기

ETF 투자를 마음먹었다면, 이제 내게 맞는 ETF를 찾아보자. 먼저 국내 ETF는 각 증권사 앱이나 KRX정보데이터시스템에서 검색하면 된다. 다만 ETF 검색 메뉴가 숨겨져 있다. KRX정보데이터시스템의 경우 '기본통계' → '증권상품' → 'ETF' → '세부안내' → 'ETF 상세검색'에서 확인할 수 있다(5-3). 기초시장, 국가, 자산유형, 과세유형, 추적배수, 자산운용사 별로 상세하게 검색이 가능하다(5-4).

'수익률 및 총보수' 탭에선 수익률을 기간별로 나누어 볼 수 있다. 수익률이 높은 순으로 정렬이 가능하여 자산별로 어떤 섹터가 호

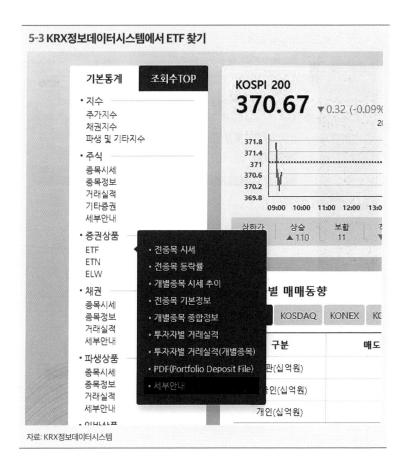

5-3 KRX정보데이터시스템에서 ETF 찾기

자료: KRX정보데이터시스템

황이고 어떤 섹터가 침체되어 있는지 트렌드를 파악하는 것도 가능하다.

〈5-5〉와 같이 최근 6개월 동안 수익률이 높은 순으로 조회해보면 원자력, 신재생에너지, 바이오, 설비 투자, 반도체, 중공업 섹터가 수익률이 좋음을 확인할 수 있다.

5-4 ETF 상세 검색 중 상품 검색

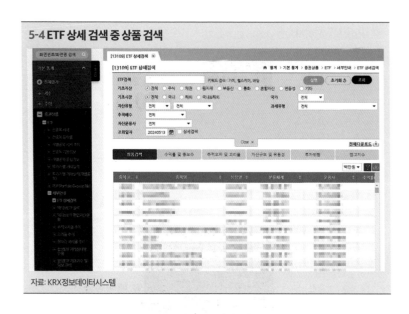

자료: KRX정보데이터시스템

5-5 상세 검색 중 수익률 및 총보수

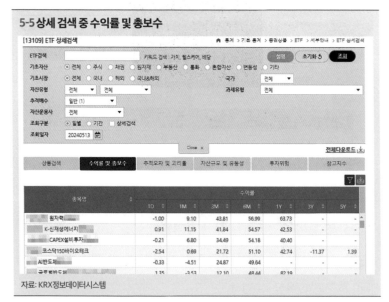

자료: KRX정보데이터시스템

해외 ETF 검색하기

해외 ETF 검색은 주로 ETF.com을 이용한다. ETF.com 사이트 내 'ETF Tools'를 이용하면 기초자산, 섹터, 지역, 국가 별로 검색이 가능하다(5-6).

국가를 한국으로 설정해 검색하면 〈5-7〉처럼 5가지 ETF가 나온다. 연간 운용비용과 자산 규모, 1년 수익률 등을 알 수 있다.

증권사 앱이나 홈페이지에서도 ETF 관련 정보를 찾을 수 있다. 증권사에서 발행하는 보고서에서 주간 수익률이 제일 높은 순, 혹은 낮

5-6 ETF.com 사이트 내 ETF Tools

자료: ETF.com

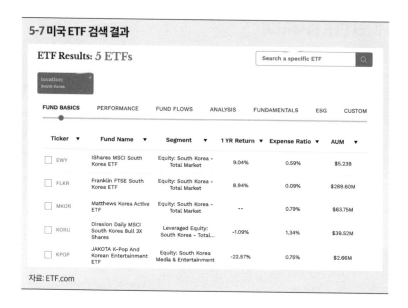

5-7 미국 ETF 검색 결과

ETF Results: 5 ETFs

Search a specific ETF 🔍

location:
South Korea ✕

FUND BASICS   PERFORMANCE   FUND FLOWS   ANALYSIS   FUNDAMENTALS   ESG   CUSTOM

Ticker ▼	Fund Name ▼	Segment ▼	1 YR Return ▼	Expense Ratio ▼	AUM ▼
☐ EWY	IShares MSCI South Korea ETF	Equity: South Korea - Total Market	9.04%	0.59%	$5.23B
☐ FLKR	Franklin FTSE South Korea ETF	Equity: South Korea - Total Market	8.94%	0.09%	$289.60M
☐ MKOR	Matthews Korea Active ETF	Equity: South Korea - Total Market	--	0.79%	$63.75M
☐ KORU	Direxion Daily MSCI South Korea Bull 3X Shares	Leveraged Equity: South Korea - Total...	-1.09%	1.34%	$39.52M
☐ KPOP	JAKOTA K-Pop And Korean Entertainment ETF	Equity: South Korea Media & Entertainment	-22.57%	0.75%	$2.66M

자료: ETF.com

은 순으로 ETF를 알려준다.

그렇게 어떤 종류의 자산이나 산업, 국가에 자금이 유입되고 유출되는지 한눈에 파악할 수 있다.

ETF로 종목 발굴하기

ETF를 통해서 종목을 발굴하는 것도 가능하다. 하나의 산업에 분산 투자하기 위해 ETF로 투자한다 해도 산업 업황을 알기 위해서는 개별 기업들의 생태계가 어떤지 파악할 필요가 있다. 그런데 해당 산업을 구성하는 기업들조차 생소하다면 ETF 구성 종목을 살펴보고 답을 얻을 수 있다.

좋은 기업의
특징

| B2C의 핵심은 브랜드 가치

기업이 사업을 잘하고 있는지 판단하기 위해서 적용하는 획일화된 기준은 존재하지 않는다. 사업의 구조는 너무나도 다양하기 때문이다. 가령 제조업과 관광업은 재무제표도 다르고 마케팅, 영업, 유통 등 사업 전략도 다르다. 같은 제조업 내에서도 기업에 따라 사업 전략은 천차만별이다. 그래서 기업별로 살펴봐야 한다. 처음에는 친숙한 분야의 기업들이 어떻게 상품을 팔고 비용을 통제하는지 살펴보면 좋다. 이를 통해 좋은 기업과 나쁜 기업을 구분할 수 있을 것이다.

그 전에 사업을 B2C(Business to Consumer)와 B2B(Business to

Business)로 나눠서 살펴보자. B2C 사업자는 개인 고객에게 상품을 판매하고, B2B 사업자는 기업 고객에게 상품을 판매한다. B2B 기업으론 2차전지나 반도체 기업들이 있다. 2차전지를 만들어 전기차 기업들에 판매하고, 반도체를 만들어 휴대전화나 PC 기업에 판매한다. 의료기기 회사는 병원에 의료기기를 판매한다. 삼성전자는 엔비디아에 반도체를 판매하고, 클래시스는 병원에 다양한 의료기기를 판매한다.

B2C 기업으로는 자동차나 식음료, 의류를 판매하는 기업을 예로 들 수 있다. 현대차, 스타벅스, 샤넬 등이다. B2C 기업은 물건 하나하나를 소비자에게 판매하는 반면, B2B는 대량의 물건을 한 번에 판매하는 경우가 많다. 거래 금액이 B2B가 훨씬 크다. 애플의 아이폰은 아무리 비싸도 200만 원 정도지만 의료기기는 수천만 원에서 1억 원이 넘는 경우도 많다. 그래서 B2C는 보다 감성적인 호소로 소비자를 끌어들이는 반면, B2B는 높은 품질과 효과, 비용 효율성 등을 부각한다.

B2C에서 제일 중요한 것은 브랜드 가치다. 소비자들은 매번 상품을 구매할 때마다 성능을 꼼꼼히 분석하기 어렵다. 가격 대비 만족스러운 구매를 해야 한다. B2C에서는 가격 대비 만족할 만한 구매 경험을 제공하는 것이 핵심이다. 그렇다면 전략은 2가지다. 가격을 낮추거나 퀄리티를 높이거나. 일단 첫 번째 전략을 살펴보자.

가격을 낮추는 것은 경쟁에 매우 취약한 전략이다. 유통 과정을 차별화해 비용을 낮추는 것이 아니라 상품의 가격만 낮춘다면 오래 살아남을 수 없다. 예를 들면 기업 A가 커피를 3,000원에 파는데 기업 B는 4,000원에 판다고 하자. 원가는 똑같이 2,000원이다. 그러면 기업 A는 순수익 4,000원을 창출하기 위해 커피 2잔을 팔아야 하고, 기업 B는 1잔을 팔아야 한다. 2잔을 만들려면 시간이 많이 들고 실수도 많을 수 있다. 반면 기업 B는 남은 시간에 더 좋은 커피와 서비스를 제공하기 위한 방법을 고민할 수 있다.

시간은 결코 무시해서는 안 되는 가치인데 박리다매는 시간적인 면에서도 불리하다. 품질을 유지하면서 원가를 줄일 수 있는 방법이 없는 한, 가격을 낮추는 것으로 승부하는 기업에는 투자하면 안 된다.

그렇다면 기업 B가 커피를 비싸게 팔 수 있는 이유는 무엇일까? 사람들에게 얼마나 좋은 경험으로 기억에 남느냐가 중요하다. 너무 많은 선택지 속에서 소비자들은 혼란을 겪는다. 이럴 때 소비자들은 브랜드를 본다. 우리는 제품의 성능보단 감성 때문에 아이폰을 사는 경우가 많다. 스타벅스에 입장하기 위해선 애플의 전자기기를 가져가야 한다는 인터넷 밈까지 있다.

자동차도 마찬가지다. BMW는 야성적 이미지, 벤츠는 신사적인 이미지를 풍긴다. 자동차를 살 때 우리는 이런 이미지까지 구매하는 것이다. 브랜드를 보고 구매한다는 것은 여러 상품의 성능을 비교하는 시간을 아끼는 것이고, 브랜드의 이미지를 함께 구매하는 것이다. 브랜가 탄탄하면 상품 자체의 가치뿐 아니라 추가적인 가치까지 창출할 수 있다.

시장이 커지면 자연스럽게 경쟁은 치열해진다. 탄탄한 브랜드로 비싸게 팔아 이윤을 많이 남겨야 한다. 초반부터 시장 트렌드를 읽고 더 나은 상품을 제공하기 위해 충분히 고민할 시간을 가져야 살아남을 수 있다. 그렇게 더 큰 이윤을 남기고, 판매량이 증가하고, 재무제표에 숫자로 나타나고, 주가 상승으로 이어진다. 재무제표나 주가, 차트 같은 후행적 지표보다 그 이면에 사업이 어떻게 이루어지는지 파악하는 것이 투자 성과를 내는 방법이다.

브랜드 가치 확인하는 법

브랜드 가치는 무형 자산이기 때문에 그 가치를 판단하는 데 주관적인 요소가 많이 개입되고 시간에 따라 인식도 변하기 때문에 가치 산정에 어려움을 겪을 수 있다. 그런데 이런 점이 투자의 기회가 된다. 모두가 주가, 차트, 재무제표에 찍힌 숫자를 알고 있고 확실한 정보에 집중할 때 불확실한 정보를 해석하는 능력을 기르는 것이다.

5-8 브랜드 가치 상위 10개 기업

01 Apple	02 Microsoft	03 Amazon	04 Google	05 Samsung
+4% 502,680 $m	+14% 316,659 $m	+1% 276,929 $m	+3% 260,260 $m	+4% 91,407 $m

06 Toyota	07 Mercedes-Benz	08 Coca-Cola	09 Nike	10 BMW
+8% 64,504 $m	+9% 61,414 $m	+1% 58,046 $m	+7% 53,773 $m	+10% 51,157 $m

자료: 인터브랜드

어떤 브랜드가 내게는 매우 친숙하고 좋은 이미지로 다가오지만 다른 이들에겐 그렇지 않을 수 있다. 가령 애플 제품은 감성적이고 젊은 사람들이 많이 사용하는 트렌디한 이미지이지만 한편으로는 허세라는 식의 이미지를 줄 수도 있다.

현대차는 '가성비' 브랜드에서 고급차로 이미지 변화를 모색하고 있다. 2015년 프리미엄 브랜드 제네시스를 현대차와 완전히 분리해서 론칭하여 성과를 내고, 이후 전기차 브랜드 아이오닉까지 성과를 냈다. 제네시스는 현대차가 충분히 고가 자동차를 생산해낼 능력이 있다고 증명함으로써 소나타나 그랜저 등 다른 브랜드에도 긍정적인 영향을 미쳤다.

현대차는 가격 대비 적당히 성능 좋은 차가 아니라 고급 차량을 만드는 기업으로 인식이 바뀌는 중인 듯하다. 나는 이런 면이 매우

5-9 브랜드 가치 32위의 현대

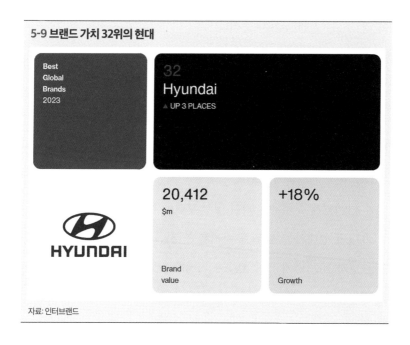

Best
Global
Brands
2023

32
Hyundai
▲ UP 3 PLACES

20,412
$m

Brand
value

+18%

Growth

자료: 인터브랜드

5-10 현대의 브랜드 가치 상승 추이

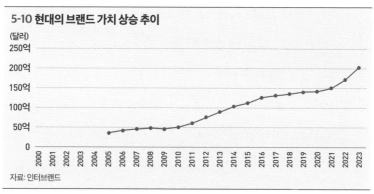

(달러)
250억
200억
150억
100억
50억
0

2000 2001 2002 2003 2004 2005 2006 2007 2008 2009 2010 2011 2012 2013 2014 2015 2016 2017 2018 2019 2020 2021 2022 2023

자료: 인터브랜드

의미가 크다고 생각한다. 하지만 주관적으로 느낀 것만으로 투자하기
엔 불안하다. 이때 참고할 만한 자료들이 있다. 브랜드 컨설팅 회사들

이 발표하는 브랜드 가치 순위다.

인터브랜드에선 매년 베스트 브랜드 100을 발표한다. 브랜드 가치, 그리고 전년 대비 브랜드 가치 상승률도 함께 공개한다. 인터브랜드는 1974년 설립되고 뉴욕에 본사를 둔 세계 최대 규모의 브랜드 컨설팅 회사다. 부가티, 기아자동차, 한국관광공사, 마이크로소프트, 삼성, GE 등 유수 기업들에 브랜드 컨설팅을 제공했다. 인터브랜드 한국 법인은 1994년에 설립되어 60여 명의 브랜드 전문가들이 활동 중이다.

2024년 현대차는 32위를 차지했고, 전년 35위에서 3위가 올랐다. 2022년과 2023년에 특히 브랜드 가치가 크게 상승했다. 현대차 홈페이지의 보도자료에 따르면 아이오닉이 이러한 브랜드 가치 상승에 큰 기여를 했다고 한다.

1996년 설립된 브랜드파이낸스도 유명한 브랜드 컨설팅 회사다. 런던에 본사를 두고 있고 20개국 이상에 진출해 있다. 매년 모든 부문과 지역에 걸쳐 5,000개 이상의 브랜드를 평가하며 500위까지 순위를 발표한다. 브랜드 가치는 브랜드가 회사에 이익을 창출한 정도에 따라 계산되고 2024년 삼성전자는 5위, 현대그룹은 41위를 차지했다. 1위는 애플이다. 현대그룹은 2023년보다 35.6% 상승했으며 상승률 순위로 따지면 5위를 기록했다. 물론 브랜드 컨설팅 회사 내부 기준에 따른 순위지만, 나만의 느낌으로만 판단하기보단 이러한 순위를 참고하는 것이 좋다.

주가가 상승 추세이거나 재무제표상 매출이나 순이익이 상승 추세라는 것은 누구나 다 알 수 있는 사실이고 긍정적으로 해석할 수 있는 후행적 지표다. 보다 주관적 요소가 많이 개입하고 수치화하기 힘든 브랜드 가치에 대한 감을 기른다면 투자 성과에 큰 도움이 될 것이다. 또한 관련 분야 트렌드에 민감한 사람이 브랜드 가치 변화에도 빠르게 반응할 수 있다. 잘 아는 분야에 투자해야 하는 이유다. 컴퓨터를 좋아한다면 관련 브랜드를 공부해보는 것도 좋다. 맥북부터 델, HP 등 여러 컴퓨터사에 대해 알아보는 것이다. 신발을 좋아하면 나이키나 뉴발란스, 아디다스 등 여러 브랜드의 역사와 브랜드 전략은 무엇인지 공부해보자. 신용카드도 모두 브랜드다. 신한카드, 현대카드, 비자, 마스터카드까지 각 브랜드의 이미지는 이미 우리 머릿속에 각인되어 있다.

B2B의 핵심은 생산성과 브랜드

B2C에 비해 B2B에서 가장 중요한 건 생산성이다. 기업을 고객으로 하기 때문이다. 기업의 존재 목적은 수익 추구다. 고객이 더 돈을 잘 벌 수 있도록 충분히 도와주면 된다. 한 기업이 다른 기업의 생산성을 높여주는 방법에는 여러 가지가 있다. 인사 정보를 관리해주는 소

프트웨어를 판매할 수도 있고, 자동차 부품을 제공해줄 수도 있다.

이때 자동차 부품 회사는 자동차 완성 회사에게 튼튼한 부품을 안정적으로 공급해야 한다. 반도체 회사는 휴대전화나 컴퓨터 회사에 반도체를 납품할 때 더 많은 용량을 지원할 수 있어야 하고 데이터 처리 속도가 빠르며 전력 소모는 적어야 할 것이다.

B2B 기업들은 기본적으로 성능과 품질에 초점이 맞추어져 있다. 물론 브랜드가 아예 중요하지 않은 건 아니다. 거래 이력이 쌓이면서 신뢰가 생기고 이는 브랜드 파워가 된다. 브랜드 파워를 강조하는 판매 전략을 구사하는 B2B 기업들이 있다. 인텔이 대표적이다. 인텔의 반도체는 컴퓨터의 한 부품으로 컴퓨터 성능에 중요한 역할을 한다. 인텔은 컴퓨터를 구매하는 고객층에게 "인텔 칩이 내장된 컴퓨터가 좋은 제품이다"라는 메시지를 전달해왔다. 구체적인 기능에 초점을 맞추기보다 인텔이라는 브랜드를 각인시키려 노력했다.

이러한 마케팅 전략은 혁신적이었다. 소비자들은 컴퓨터를 구매할 때 IBM이나 델 같은 컴퓨터 회사 브랜드를 보는 것이 아니라 PC에 내장된 부품을 보게 되었고, 컴퓨터 회사들은 자연스럽게 인텔 칩을 선택했다. 인텔 로고를 부착하기만 해도 더 잘 팔리니 컴퓨터 회사들은 광고비를 아낄 수 있었다.

최근에는 이런 전략이 많이 사용된다. 대표적으로 미용의료기기가 있다. 업체들은 치료 효과나 부작용 여부 등을 설명하며 병원을 상대

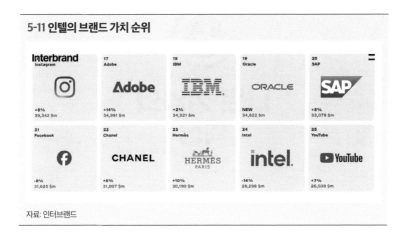

자료: 인터브랜드

로 영업활동을 하는 동시에 개인 소비자들을 상대로 공격적인 마케팅을 펼친다. 배우 등을 전속모델로 기용하여 소비자들 사이에서 인지도를 높이기 위해 노력한다. 병원들은 자신의 병원에 특정 기기가 있다고 홍보하기도 한다. 실제로 적지 않은 소비자들이 그 기기가 있는 병원을 찾아서 간다.

이처럼 브랜드는 B2C나 B2B 모두에게 중요하다. 기술력이 뛰어나야 하는 것은 기본이다. 인텔의 브랜드 가치가 하락 중인 것도 이와 관련이 있다. 예전에는 CPU 시장에서 기술력이 매우 뛰어났으나 최근엔 경쟁 회사인 AMD가 무섭게 따라잡고 있다.

결론은, 좋은 기업이란 상품의 품질이 뛰어난 동시에 자신이 뛰어나다는 점을 잘 어필하는 기업이다.

나쁜 기업의
특징

| 주주 환원이 안 되는 기업

이번에는 나쁜 기업의 특징에 대해 알아보자. 우선 주주를 존중하지
않는 기업은 나쁜 기업이다.

주가를 결정하는 요소는 실적 외에도 너무나 많다. 정치적인 이슈
로도 한 기업의 주가는 오르거나 떨어진다. 그럼에도 우리는 실적이
좋아 기업 가치가 오르면 장기적으로 주가가 오른다고 생각한다. 왜
실적이 좋아지면 기업 가치가 오를까? 주가는 왜 덩달아 오르는 것일
까? 내가 처음에 주식 투자를 하면서 가졌던 의문이다.

실적이 오르면 왜 주주들이 혜택을 보는 것일까? 여기에는 몇 가지 가정이 깔려 있다. 일단 가장 기본이 되는 이념은 주주 자본주의다. 주주들의 돈을 바탕으로 이익을 냈으니 주주들에게 보상하는 것이 기업 경영의 가장 큰 가치인 것을 말한다. 여기에는 기업과 투자자 간의 신뢰가 포함되어 있다. 이 신뢰가 무너지면 투자자는 더 이상 투자하지 않고, 기업은 자본이 없어 경영이 힘들어진다.

기업은 자기 자본과 타인 자본을 기반으로 사업을 운영하고, 이익이 발생하면 타인 자본에 먼저 배분해야 한다. 영업을 통해 현금흐름을 창출하고, 사업에 투자하고 남은 현금으로 자사주 매입 및 소각을 하거나 배당금을 지급하면 주주들이 혜택을 보는 것이다.

성장주의 경우 잉여 현금흐름을 모두 사업에 재투자하여 당장은 주주들에게 배당하지 못한다. 하지만 성장 산업이 성숙하면 결국 주주 환원이 이루어지리라는 신뢰가 있기 때문에 주가는 오른다. 페이스북의 모회사 메타플랫폼스는 대표적인 미국의 기술주로 배당금을 지급하지 않았지만, 2023년 4분기 실적을 발표하면서 처음으로 배당금을 지급한다고 발표하기도 했다. 추가로 500억 달러라는 대규모의 자사주 매입까지 발표하면서 주가가 크게 상승했다.

실적이 좋으면 주가가 오르는 이유는 주주 환원에 대한 믿음 때문이다. 주주 환원이 잘 이루어지지 않는 경우에는 실적 향상이 의미가 없다. 그러므로 주주 환원이 제대로 이뤄지지 않는 기업들은 사업이 잘되든 실적이 좋아지든 상관없이 투자 대상에서 제외하면 된다.

주주를 무시하는 기업

배당 성향이 낮은 기업

일단 자사주 매입 및 소각을 하지 않으면서 배당 성향이 낮다면, 주주 환원을 중요시하지 않는 나쁜 기업이다. 배당 성향이란 당기순이익 중 배당되는 금액의 비율을 뜻한다. 주당 배당금에서 주당 순이익을 나누어 계산한다. 예를 들어 기업의 순이익이 100억 원이고 배당 성향이 40%라면 40억 원을 주주들에게 나눠준다.

한국은 배당 성향이 OECD 국가 중 가장 낮은 편이다(5-12). 경영을 통해 벌어들인 수익을 배당으로 잘 환원하지 않는다. 뿐만 아니라 배당 예측 가능성도 떨어진다. MSCI(Morgan Stanley Capital International) 글로벌 시장 접근성 보고(Global Market Accessibility Review)에서 다음과 같이 언급한 적이 있다.

"한국 기업들은 국제 기준과 다르게 배당금 지급일 이후 배당금을 공개한다."

우리나라는 배당금을 얼마 받을지 모르는 상태에서 투자를 하고 몇 달 뒤에나 기업이 배당 결정을 하면 그대로 수용해야 하는 실정이다. 2024년부터 관련 제도가 개선되고 있지만 강제되는 것은 아니며, 기업 문화로 정착하기까지는 많은 시간이 걸릴 듯하다.

참고로 코스닥협회 홈페이지에서 배당기준일 통합 안내 페이지를

5-12 주요 국가의 배당 성향

연도	한국	미국	영국	독일	프랑스	일본
2017	14.9	51.2	83.4	45.6	53.7	30.7
2022	20.1	40.5	45.7	40.8	39.3	36.5

자료: 블룸버그

5-13 주요 국가의 PER(Price Earning Ratio) 비교

연도	한국	미국	영국	독일	프랑스	일본
2017	11.1	22.2	24.1	19.5	18.3	16.2
2022	8.9	19.3	13.8	12.0	15.5	13.5

자료: 블룸버그

보면 배당기준일에 앞서 배당액을 확정한 기업들을 확인할 수 있다.

우리나라 증시의 가치가 평가절하되는 이유도 여기에 있다. 한국의 PER을 보면 2022년 기준 8.9로 미국(19.3), 영국(13.8), 독일(12.0), 프랑스(15.5), 일본(13.5)에 비해 현저하게 떨어진다(5-13). 주주 환원이 되지 않으니 주주 자본주의가 제대로 작동하지 않는다. 적극적으로 투자할 환경이 이뤄지지 않고 있다.

물적 분할 후 상장하는 기업

물적 분할도 주주 가치를 훼손시킨다. 기업이 갖고 있는 사업 부문 중 하나를 떼어내서 새로 회사를 만드는 것을 분할이라 한다. 분할 자체가 나쁜 것은 아니다. 기업 분할로 기업 규모를 줄여서 사업에 집중한다면 의사결정, 자금 조달 등에서 효율성을 높일 수 있다. 또한 여러 사업 부문이 섞여 있으면 기업 가치를 합당하게 평가받기 어려울 수 있는데 이를 분리함으로써 기업 가치가 재평가될 수 있다.

기업 분할은 크게 인적 분할과 물적 분할로 나뉜다. 인적 분할은 수평적 분할이라고 하며 새로 만든 회사의 주식을 기존 기업의 주주에게 나눠준다. 분할 전에 주식 소유 비율대로 새로 떼어낸 회사의 주식을 배정하는 것이다.

물적 분할은 수직적 분할이라고 하고 새로 분리한 기업의 주식을 주주들에게 나눠주지 않는다. 신설한 회사 주식을 모회사가 전부 소유한다. 물적 분할 자체가 문제가 되는 것은 아니다. 하지만 새로 분리한 기업이 상장하면 신규 투자자들이 들어오기 때문에 지분 가치가 희석될 수 있다. 이런 방식을 '쪼개기 상장'이라고 한다. 기업은 투자를 더 많이 받을 수 있지만 기존 주주들의 지분 가치는 떨어진다.

유상증자를 일삼는 기업

기업의 증자 행위도 유심히 봐야 한다. 증자란 기업이 자본금을 늘리기 위해 주식을 새롭게 발행하는 행위다. 증자는 유상증자와 무상증자로 나뉜다. 무상증자는 자본잉여금이나 이익잉여금을 자본금으로 바꾸어 주식을 발행하고 기존 주주들의 지분에 비례하여 주식을 나누는 것이다. 그러니까 회사에 추가로 들어가는 자금 없이 자본금이 늘어난다.

무상증자는 기존 주주가 아닌 제3자는 새로 주식을 받을 수 없다. 즉 지분 가치 희석이 없다. 오히려 무상증자를 함으로써 재무 구조가 안정적이라는 점을 강조하며 기업 가치를 제고할 수 있다. 주식 보유량이 늘어나니 유동성이 커지기 때문에 주가 상승의 여지도 생긴다.

반면 유상증자는 사업을 위해 자금을 조달할 필요가 있을 때 한다. 현금이나 현물 등의 자금을 조달받고 주식을 추가로 발행한다. 유상증자라고 주주들에게 부정적인 것만은 아니다. 예를 들어 자금만 조달되면 사업이 크게 확장될 수 있음을 시장에서 인정받을 때 주가는 오를 수 있다.

제3자 배정 유상증자도 제3자가 누구냐에 따라 호재로 작용할 수 있다. 제3자 배정 유상증자는 특정 개인이나 법인을 대상으로 신주를 발행하는 것이다. 특정 대상의 투자를 유치하는 것과 비슷하다. 그래서 제3자가 인지도 높은 투자자거나 사업적 연관성이 높다면 시장은 긍정적으로 해석하기도 한다. 하지만 기본적으로 유상증자는 전체 주식의 수가 늘어나서 상대적으로 기존 주주들이 갖고 있는 주식들의 주당 가치는 희석되어 지분율이 하락한다. 자금 조달이 필요한 상황이니 기본적으로 재무가 안정적이지 않다고 해석될 여지도 줄 수 있다.

요약하자면 배당 성향이 낮은 기업, 자사주 매입이나 소각을 하지 않는 기업, 물적 분할 후 상장하는 기업, 유상증자를 일삼는 기업은 주주 지분 가치를 훼손시키고 주주 자본주의를 위협한다. 주식 시장의 근간이 되는 주주 자본주의가 훼손되었다면 사업이 잘되고 실적이 향상되는 일이 의미가 없다. 아무리 실적이 좋아져도 주주들에게 수익이 분배되지 않기 때문이다.

홍보를 과도하게 하는 기업

어떤 기업들은 자금 조달을 목적으로 투자자들의 심리를 자극하여 주가를 올리기 위해 보도자료 등으로 과도하게 기업을 홍보한다. 이러한 활동이 과도하면 우리나라에선 '투자 주의 종목', '스팸 관여 과다 종목'으로 지정된다. 스팸 관여 과다 종목의 지정 요건은 다음과 같다.

최근 5일 중 마지막 날을 포함하여 (1)과 (2)를 충족하는 경우가 2일 이상 발생하는 경우
① 한국인터넷진흥원에 신고된 영리 목적 광고성 정보의 최근 3일 평균 신고 건수가 최근 5일 또는 20일 평균 신고 건수 대비 3배

이상 증가

② 다음의 어느 하나에 해당하는 경우

- 당일의 주가가 상한가
- 당일의 주가가 최근 20일 중 최고가
- 당일의 장중 주가가 일중 최저가 대비 30% 이상 변동하고 전일 대비 주가가 상승
- 당일의 거래량이 최근 5일 평균 거래량 대비 3배 이상 증가
- 주가 상승이 유가증권 시장 및 코스닥 공시 규정 상 조회 공시 요구 기준에 해당

* 유가증권시장 공시 규정 제12조 제2항 및 코스닥 시장 공시 규정 제10조 제2항

중소형주에서 특히 많이 보이는데, 미리 주식을 매집하고 여러 홍보활동을 통해 주가를 올린 뒤 팔아버리는 수법을 사용한다. 이는 명백한 주가 조작이다. SNS를 통해서 주식을 홍보할 수도 있고 투자 뉴스레터를 이용하기도 하며 온라인으로 광고를 하기도 한다. 또 카카오톡 오픈채팅방이나 텔레그램 등 온라인 매체를 이용하기도 한다. 관심을 많이 받는 종목일수록 거래량이나 거래 대금이 많아지면서 불법 리딩방에서 투자자의 관심을 더더욱 유도할 수도 있다.

해당 기업이 주도적으로 홍보한 것이 아니라도 스팸 관여 과다 종

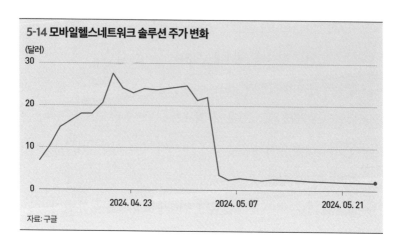

5-14 모바일헬스네트워크 솔루션 주가 변화

(달러)

자료: 구글

목으로 지정될 수 있다. 뉴스 기사에서 특정 기업이 언급되는 횟수만
늘어나도 사람들은 관심을 갖게 된다. 투자자들은 보다 친숙한 종목
에 투자하게 마련이기 때문이다. 그래서 스팸 관여 과다 종목으로 공
시됐다면 현재 주가는 고평가에 다다랐다고 판단하고 주의하는 것이
좋다.

미국 기업들에서도 이런 경우가 종종 일어난다. 특히 5달러 미만으
로 거래되는 주식을 뜻하는 페니 주식이나 시가총액 2억 5,000만~3
억 달러 미만으로 규모가 작은 주식 종목(microcap stock)에서 의도적
인 주가 띄우기가 많이 일어나기 때문에 조심해야 한다. 시가총액이
작은 주식들은 주가를 조작하기가 쉽다. 2020~2021년은 특히 페니
주식이 해외 주식 투자자들 사이에서 인기가 높았다.

우리나라에서도 최근에 나스닥 종목에서 시세 조종 의혹이 있었다. 싱가포르계 원격의료 솔루션 회사 모바일헬스네트워크 솔루션이 문제의 그 종목이다. 시가총액은 2024년 5월 24일 기준 6,120만 달러로 매우 작다. 2024년 4월 10일에 상장되었고 상장한 지 7영업일 만에 주가가 600% 가까이 올랐다. 하지만 5월 2일에는 23달러에서 3달러로 85% 가까이 폭락했다(5-14).

여기엔 주식 리딩방 운영자가 관여했다는 주장이 있다. 교수 등 유명인을 사칭하여 종목을 추천하고 주가가 오르면 한꺼번에 매도했다는 것이다. 모바일헬스네트워크 솔루션은 4월 한 달간 매수결제 순위에서 44위를 차지할 정도로 매수결제 금액이 상당하여 피해가 컸을 것으로 추측된다.

중국의 가사 서비스 회사인 이홈하우스홀딩스에서도 비슷한 일이 벌어졌다(5-15). 리딩방에서 종목을 추천하고 주가가 크게 오르면 한

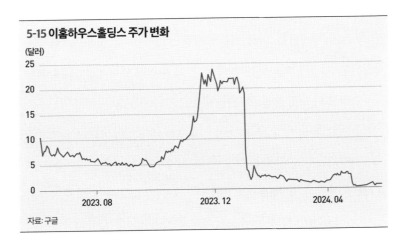

5-15 이홈하우스홀딩스 주가 변화

(달러)

자료: 구글

꺼번에 매도하는 방식으로 피해자를 낳았다. 이러한 소형주들은 회사에 대한 정보가 부족하거나 신뢰할 수 없다고 판단되는 경우 10영업일 동안 거래가 정지된다. 이처럼 거래 정지 이력이 있는 종목은 주의해야 한다.

거래 정지 종목 내역은 U.S. Securities and Exchange Commission (https://www.sec.gov/litigation/suspensions)에서 확인 가능하다.

상장한 지 얼마 안 된 기업

신규 상장주에는 투자자들의 관심이 몰리기 때문에 변동성이 매우 크고 그만큼 고평가되는 경우가 많다. 일단 까다로운 상장 요건을 충족하기 위해 매출이나 자산 평가를 보다 유리하게 할 수 있다. 가치를 더 높게 평가받기 위해 기업 홍보를 다방면으로 진행하기도 한다. 상장되는 기업은 언급되는 횟수가 많아지는 경향이 있기 때문에 그 자체만으로도 고평가될 여지가 있다.

처음에는 신규 상장 종목들이 아주 매력적으로 보이겠지만, 1년 정도는 지켜보는 것이 좋다. 상장 이후 고평가가 해소됐을 때 재무제표를 보며 사업은 잘 영위하고 있는지 살펴봐야 한다. 얼마든지 다른 투자 선택지가 있기 때문에 느긋하게 종목을 볼 줄 알아야 한다.

정리하자면 국내 기업 중에선 스팸 관여 과다 종목을 조심하고, 해외 기업은 시가총액이 작은 기업 중 리딩방이나 각종 기사에서 너무 많이 언급될 때 조심해야 한다.

종교가 된 기업

투자자의 심리가 과열된 종목은 항상 조심해야 한다. 기업이 사업을 아무리 잘 이끌어도 너무 비싸게 사면 의미가 없기 때문이다. 좋은 기업을 제 값에 사는 것까지는 좋다. 좋은 기업을 너무 비싸게 사지 않게 조심해야 한다.

누구나 특정 기업 주식 이야기를 하고 모두가 좋다고 말하는 주식은 위험하다. 그 주식을 보유한 사람이 많으면 보유 편향으로 인해 문제가 생겨도 긍정적으로 해석하는 사람들이 많아지고, 이는 또 다른 투자자들을 끌어들여 한동안 주가 상승의 원동력이 될 수 있다. 하지만 주가가 많이 오른 상태에서 해당 주식을 알았다면 이미 투자 타이밍을 놓친 것이다. 이때는 다른 투자 대상을 찾아보는 것이 좋다.

특히 테슬라의 경우 '테슬람'이라는 말이 생길 정도로 종교처럼 믿는 사람들이 많았다. 테슬라에 대한 좋은 뉴스만 찾아보며 나쁜 뉴스들은 애써 무시한다. 탄소가 배출되지 않는 전기차, 완전 자율주행,

기가 팩토리, 화성으로의 인류 이주 등은 모두 우리의 상상력을 사극한다. 이런 스토리들은 기업 가치를 더 높게 평가하게 만든다. 테슬라는 정말 좋은 기업이지만 관심이 과열되어 비싸게 거래되는 시기에는 매수하기에 적합하지 않다.

상상력을 자극하는 스토리를 가진 기업은 더 보수적으로 사업을 평가해야 한다. 다른 부가 가치를 창출하고 있는지, 혹은 창출하는 부가 가치에 비해 기대감이 지나치게 높지는 않은지 생각해봐야 한다.

투자는 수단일 뿐이다. 내 믿음을 강화하고 합리화하기 위해, 공부한다는 핑계로 호재를 찾고 투자해야 할 이유를 정리하고 있다면 불행으로 가는 지름길이다. 종목과 사랑에 빠지지 말자.

좋은 기업의 특징

- 브랜드 가치가 큰 기업
- 다른 기업의 생산성을 개선시켜줄 수 있는 기업

나쁜 기업의 특징

- 주주를 무시하는 기업
- 홍보를 과도하게 하는 기업
- 종교처럼 떠받드는 투자자가 많은 기업

중요한 것은 얼마나 많은 돈을 버느냐가 아니라,
얼마나 많은 돈을 지키느냐,
그 돈이 얼마나 효과적으로 당신을 위해 일하느냐,
그리고 그 돈을 몇 세대에 걸쳐 지킬 수 있느냐다.
It's not how much money you make, but how much money you keep,
how hard it works for you, and how many generations you keep it for.

로버트 기요사키 *Robert Kiyosaki*

6장

나의 투자,
당신의 투자

국가고시 앞두고
경제 공부하던 의대생

경제 공부를 처음 시작한 건 지금으로부터 5년 전이었다. 당시 본과 실습을 거치면서 병원생활에 많은 회의가 들었다. 교수님들은 지쳐 보였고, 레지던트 선생님들은 더더욱 지쳐 보였다. 나 역시 지쳐 있었다. 실습을 하면서 매주 시험과 발표를 준비해야 했다. 의사의 삶에서 이 시기가 비교적 한가한 때라는 게 믿기지가 않았다.

매년 1월에 치르는 국가고시를 보기 전에 11월에 임상의학 종합평가라는 모의고사를 본다. 합격 안정권 점수를 만들어놓고 시험 1주일 전까지 여러 금융·경제 강의와 부동산 경매 강의를 들으러 다녔다. 금융·경제 강의는 모두 금융권 취업을 목표로 하는 대학생들과 함께 들었다. 서브프라임 금융위기, 인플레이션의 종류, 환율의 이해,

유가, 금 가격, 달러 패권의 역사, 미국 금리에 관한 내용부터 통화량의 종류, 유동성 함정, 일본의 잃어버린 30년, 중국의 부동산 버블, 중국 경제의 문제점 등에 대해 알게 되었다. 너무 재밌었다. 내가 알고 있던 세상은 아주 일부분이었다는 점을 깨닫는 순간이었다. 이제 와서 생각해보면 이때 들었던 경제 강의가 나로 하여금 해외 주식에 관심을 갖게 만든 것 같다.

여의도의 한 증권사에서도 강의를 들었다. 모두 나보다 연장자였고 책상에는 비싼 외제차 키가 놓여 있곤 했다. 분위기는 꽤 진지했는데 대학생이었던 나는 이런 풍경이 신기하고 낯설었다. 미국 주식 관련 강의였고, 미국 증시의 시가총액이 한국에 비해 매우 크기 때문에 한국에 투자하는 것은 아주 일부에만 투자하는 왜곡된 투자이며 거시경제의 흐름을 따라가려면 미국 증시에 투자해야 한다는 내용이 기억난다.

부동산 경매 강의는 반에서 내가 한참 어렸다. 주로 40~50대가 강의를 들었는데, 대학생이 경매 강의를 들으면 부동산 고점이라며 불안하다 하셨던 분이 떠오른다. 돈이 없는 처지라 입찰은 못했지만 서울중앙지방법원에 가서 경매를 구경하고는 했다. 그때가 2019년이었는데 타워팰리스가 10억여 원에 낙찰되었던 기억이 생생하다.

꼭 부동산 투자를 하지 않아도 경매 강의는 한 번쯤 듣는 것을 추천한다. 월세나 전세를 구할 때 등기부등본을 확실하게 볼 줄 알게 되어 안전한 물건인지 아닌지 판단이 가능해진다. 전입신고와 확정일자가 왜 중요한지 깨달았고 말소기준권리, 근저당권, 전세권 등의 용어와 친숙해지면서 내 보증금을 지키는 법을 배웠다.

제일 여유시간이 많았던 본과 4학년 때는 국가고시를 통과하고 경제 공부로 여유시간을 가득 채웠다. 그 후 2020년에는 모교 병원에서 인턴으로 근무하며 소득이 생기고, 곧바로 마이너스 통장을 개설해 투자를 시작했다. 내 생애 가장 힘든 시절이었다. 병원 근무를 하면서 의사의 현실에 더욱 회의가 들었고 그 와중에 투자 공부까지 병행하며 본업과 투자 그 무엇도 놓치지 않으려 발버둥치던 해였다.

그 이후 지금까지 4년 넘게 투자를 이어오고 있다. 많은 시행착오를 겪으면서 첫 1~2년 동안은 계속 투자 전략을 바꿨다. 여기저기 휘둘렸다는 표현이 맞을 것이다. 2022년부터는 투자 전략을 크게 바꾸지 않고 있다. 그동안 내가 취하거나 버린 전략들을 포함해서 주식에 투자하는 기법에는 어떤 것들이 있는지 소개하고자 한다.

내게 맞는
매매 전략 찾기

투자를 처음 시작할 때는 이 전략도 저 전략도 좋아 보여 유혹에 휘
둘리기 쉽다. 여러 매매 기법과 각각의 장단점을 알아둔다면 내 상황
에 잘 맞는 기법을 선택할 수 있다. 상황에 따라 전략을 유연하게 바
꿀 수도 있다.

│ 차트 매매 기법

차트 매매 기법은 말 그대로 차트를 기반으로 매매하는 기법이다. 차
트는 수많은 음봉과 양봉으로 구성되어 있다. 사람들은 거래량이 실

린 양봉은 꾸준한 주가 상승 추세를 만드는 것이니 매수 타이밍이라는 식의 전략을 구사한다. 하나의 양봉만 보는 게 아니라, 캔들 하나하나가 모여서 패턴을 만들어내면 그것에 의미를 부여한다. 이중 바닥 패턴, 다중 바닥 패턴, 역헤드앤숄더 패턴 같은 것들이다. 패턴이 만들어지는 이유를 생각해보면 납득이 간다. 특정 가격대에서 지지와 저항이 일어나면서 반등이 일어나기도 하고 상승 추세가 꺾이기도 하는 것이다.

〈6-1〉은 2021년 말에서 2022년 초의 애플 주식 가격을 나타낸 차트다. A구간을 보면 천장이 2개인 이중 천장 패턴이 나타나 있다. 주식 가격은 단기적으로 사람의 심리에 많이 좌우된다. 주가가 크게 상승하다가 하락한 후 다시 상승하기 시작했을 때 이전 최고가에 도달하면, 이 가격을 과연 뚫을 수 있을까 하는 의구심이 생기게 마련이다.

또 기존에 고점에서 매수했던 사람들은 주가가 다시 하락하여 손실로 전환됐을 때 손실을 확정 지으려 하지 않는다. 고통스럽기 때문이다. 하지만 이후 다시 주가가 상승하여 최고가에 도달하면 수익으로 전환된다. 사람들은 수익이 생기면 작더라도 빨리 수익을 확정 지으려는 경향이 있다. 따라서 주가가 이전 고점에 다다르면 저항이 생기게 되고 이 저항을 뚫지 못할 확률이 커서 이중 천장 패턴이 차트에 자주 나타나는 것이다.

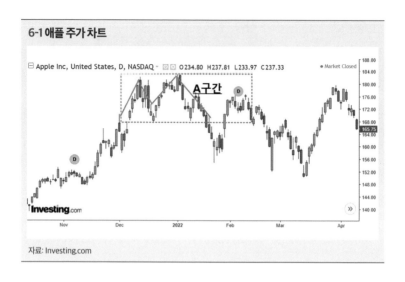

6-1 애플 주가 차트

자료: Investing.com

거래량이 실린 양봉에서도 마찬가지다. 거래량이 실렸다는 것은 투자자들이 해당 가격대에서 많이 샀다는 의미다. 그렇다면 추후 다시 그 가격대로 떨어졌을 때 매수하여 수량을 늘리고 싶어 할 확률이 크다. 하지만 절대적인 것은 아니다. 어떤 이유로 해당 주식이 크게 하락할 것이라는 심리가 지배적이면 가격 지지대를 뚫고 더 크게 하락할 수 있다.

보조 지표를 활용하는 매매는 주가를 갖고 계산하는 경우가 많기 때문에 투자자의 심리를 이용하는 것이다. 앞서 설명했던 RSI도 n일 간 평균 종가 상승폭을 n일간 평균 종가 하락폭으로 나눈 값인 상대 강도를 기반으로 지표 값을 추산한다. 이렇게 주식 가격만으로 수치를 나타내기 때문에 나는 보조 지표를 활용한 매매 또한 차트 매매의 일종으로 본다.

차트 매매 기법은 기본적으로 투자자의 심리를 기반으로 이루어진다. 주가를 결정 짓는 요소는 사업의 업황과 전망, 그리고 투자자의 심리다. 차트 매매는 투자자 심리 위주로 보는 것인데, 여기서 문제가 있다. 심리는 예측하기가 어렵기 때문이다. 특히 특정 가격대에서 그 가격대를 돌파할지 저항선이 될지 예측하는 것은 더더욱 어렵다. 만약 특정 패턴에서 주가 상승 확률이 크다면 해당 패턴이 나올 때마다 매수와 매도를 반복하면 될 것이다. 매매 횟수를 늘려가다 보면 수익 성과가 클 것이다. 하지만 보조 지표를 활용하는 게 아니라 그저 차트의 모양이나 패턴만 가지고 매매 전략을 구사한다면 정형화시키기가 어렵다. 거래량 실린 양봉, 혹은 이중 바닥과 같이 패턴들은 모양이 비슷하긴 하지만 세부적인 기준은 또 천차만별로 달라질 수 있다.

거래량 실린 양봉의 예를 들어보자. 〈6-2〉는 의료기기 회사 클래시스의 주가 차트다. 긴 양봉이 나오고 거래량 또한 크게 증가했다. 주가가 상승하면서 많은 돈이 유입되었으니 앞으로도 상승 확률이 클 것으로 해석할 수 있다. 그래서 거래량 실린 양봉이 보이면 매수 시점으로 여기는 경우도 있다.

하지만 거래량이 실렸다는 것의 기준은 정하기 나름이다. 절대적인 규칙이 있는 것이 아니다. 거래량이 전날보다 2배 이상 증가했을 때

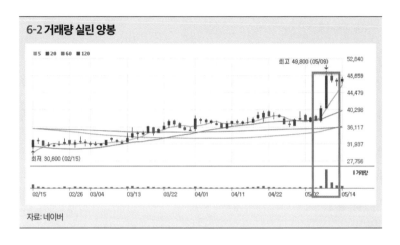

6-2 거래량 실린 양봉

최고 49,800 (05/09)

최저 30,600 (02/15)

02/15 02/26 03/04 03/13 03/22 04/01 04/11 04/22 05/02 05/14

거래량

52,840
48,658
44,479
40,298
36,117
31,937
27,756

■5 ■20 ■60 ■120

자료: 네이버

거래량이 실렸다고 표현할 수도 있다. 혹은 전날보다 3배 이상 증가했을 때부터 거래량이 실렸다고 표현할 수도 있다. 이 기준을 어떻게 잡느냐에 따라서도 수익 성과는 달라질 것이다.

다른 요소들도 기준은 정하기 나름이다. 양봉의 기준은? 전날 종가 기준보다 얼마나 더 상승해야 신뢰도 있는 양봉이라고 기준을 세울 수 있을까? 이처럼 똑같아 보이는 패턴도 양봉이나 거래량의 기준은 세부적으로 크게 달라진다.

이중 바닥 패턴도 마찬가지다. 바닥이라고 해도 주가는 똑같이 형성되지 않는다. 바닥이 좁고 깊은 경우와 넓고 얕은 경우가 있고, 이중 바닥도 처음 바닥이 더 깊은 경우와 나중 바닥이 더 깊은 경우가 있다. 이렇게 패턴은 또 세분화될 수 있다. 투자자 심리가 다 조금씩 다르기 때문에 패턴은 다르게 형성된다. 이처럼 패턴은 깊게 들어가

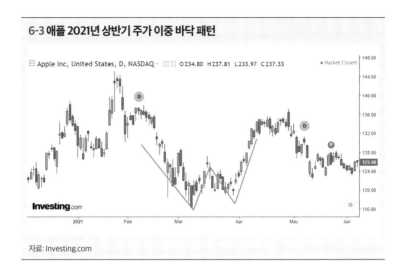

6-3 애플 2021년 상반기 주가 이중 바닥 패턴

자료: Investing.com

면 정형화하기 어렵다. 그리고 패턴에 따라서 그 이후 주가가 예측대로 형성되지 않았을 때 매도 기준을 잡기도 어렵다.

이런 매매 기법은 0%나 100%가 아니라 50%보다 조금이라도 높은 확률로 수익을 낼 수 있다는 생각이 들면 매매 횟수를 최대한 늘려서 성과를 내는 것인데, 세부적인 기준이 너무 달라서 정형화하기 어렵기 때문에 일관적으로 매매하기 힘들다.

차트 기반 매매 기법은 기본적으로 단기 투자에 쓰인다. 분초 단위로 매매하는 스캘핑이나 하루 단위로 매매하는 데이 트레이딩 모두 차트를 기반으로 한다. 이런 단기 투자는 시간을 많이 할애해야 하기 때문에 직장인, 자영업자에게는 적합한 방식이 아니다.

추세 추종 기법

추세 추종 기법은 차트 매매 기법의 일종으로, 상승 추세 초반에 진입하여 추세가 무너지면 매도한다. 예를 들면 주가가 4주 최고가에 도달했을 때 진입해 2주 최저가에 도달하면 청산하는 전략이다(6-4).

추세 추종 기법으로 유명한 윌리엄 오닐은 그의 저서 《최고의 주식 최적의 타이밍》에서 CANSLIM을 강조하며 주가의 추세 외에도 업황과 시장의 방향, 주식 수급, 투자자 매매 동향도 고려해야 한다고 말한다. CANSLIM에서 C는 현재 주당 분기 순이익(Current Earnings)이며, A는 연간 순이익(Annual Earnings), N은 신제품을 만들거나 신경영을 하거나 신고가를 형성하는 기업(New), S는 유동주식수(Supply

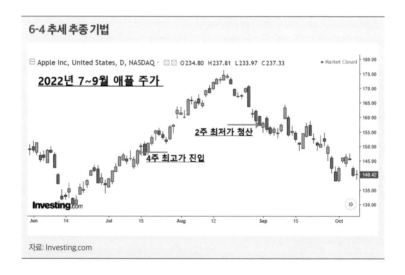

6-4 추세 추종 기법

2022년 7~9월 애플 주가

2주 최저가 청산

4주 최고가 진입

자료: Investing.com

and Demand), L은 시장주도주(Leader of Laggard)를 뜻하며, I는 기관의 관심에 맞는 종목에 투자하는 것(Institutional Sponsorship)이고, M은 강세장일 때 투자하는 것(Market Direction)을 의미한다.

윌리엄 오닐은 신고가를 기록한 종목은 주가가 더 오르는 경향이 있고 신저가를 기록한 종목은 더 떨어지는 경향이 있다고 했다. 그래서 싸게 사서 비싸게 팔기보단, 비싸게 사서 비싸게 팔라고 이야기한다. 실제로 여러 종목의 주가를 살펴보면 신고가를 기록하고 나서 한동안 주가가 오르는 경우가 많다.

투자를 하다 보면 신고가를 기록하는 주식을 보고 사업이 아주 괜찮게 여겨져도 비싸기 때문에 매수하지 않는 경우도 꽤 많다. 단순히 주가가 이전보다 더 비싸다는 이유로 말이다. 이런 인지편향을 앵커링 효과라고 하는데, 과거 주가를 기준으로 싸거나 비싸다고 판단하는 것이다. 하지만 실제로는 신고가를 돌파한 종목들이 주가가 더 상승하는 경우가 많음을 인지하고 업황과 전망이 좋고 RSI가 낮다면 매수를 두려워하지 말자.

추세 추종 기법은 신고가를 돌파할 때 진입하는 것과 같이 단순하기 때문에 따라 하기 쉽고 시간이 많이 들지 않는다. 다만 신고가를 돌파해도 다시 주가가 내려가는 경우 또한 흔하기 때문에 매도 판단의 기준으로 기업의 펀더멘털까지 고려하는 것이 좋다.

퀀트 매매 기법

퀀트 매매 기법은 수학적이고 통계적인 방식을 사용한다. 데이터를 양적으로(quantitative) 분석하기 때문에 퀀트(quant)라는 이름이 붙었는데 주로 컴퓨터 알고리즘을 사용해서 자동화되어 투자자들에게 주식 자동 매매의 꿈을 심어준다. 퀀트 매매 기법에서도 차트 데이터만을 기반으로 알고리즘을 짜기도 하고 재무제표, 혹은 앞서 언급한 추세 추종 기법을 사용하기도 한다.

그 외 자산 배분을 일정하게 유지하는 방식도 있다. 대표적으로 레이달리오의 올웨더 포트폴리오가 있다. 미국 주식에 30%, 미국 장기 채권에 40%, 미국 중기 채권에 15%, 금에 7.5%, 원자재에 7.5%로 일정하게 비중을 유지하는 것이다. 투자한 뒤 시간이 지나면서 각 자산의 가격이 달라지면 1년에 한 번만 달라진 비중에 맞춰서 매수나 매도를 하여 다시 비중을 맞추는 방식이다. 매우 단순하고 시간도 별로 들지 않으면서 수익률도 시장을 상회한다고 알려졌다.

문제는, 결국 어떤 복잡하거나 그럴듯한 전략으로 알고리즘을 짜도 이를 검증하기에는 한계가 있다. 백테스팅을 통해서 해당 퀀트 매매 기법이 과거 수십 년간 성과가 좋았는지 검증해보기는 하지만 모두 후행적인 지표다. 퀀트 매매 기법도 후행적인 지표만을 기준으로, 또 백테스팅 결과가 좋은 알고리즘 전략만을 기준으로 매매 전략을 구사하는 것이기 때문에 단순 차트 기반 투자와 다를 게 없다. 백테스팅 결과가 좋은 알고리즘을 갖고 퀀트 매매를 하는 것은 지금까지 주가가 우상향했던 주식에 투자하는 것과 차이가 없다. 퀀트 매매는 주가를 요동치게 하는 수많은 변수에 알고리즘이라는 변수를 하나 추가한 것뿐이다. 시장이나 산업, 기업의 상황에 따라 백테스팅 결과가 좋았던 알고리즘은 모두 무용지물이 될 수 있다.

그러니 차라리 지수에 투자하는 것이 낫다. 미국 대표 지수 S&P500도 나름의 기준에 따라 주기적으로 리밸런싱을 한다. 끊임없이 종목이 편입되고 편출되기도 한다. 지수 내 종목의 비중도 매번 달라진다. 지수에 투자하는 것만으로도 시장의 흐름에 따라 유동적인 투자를 하게 되는 것이다.

가치 투자 기법

가치 투자는 저평가된 기업을 찾아내서 매매하는 것이다. 장기 투자에 많이 적용되고, 거시경제 등 외부 변수로 인해서 주가가 크게 하락하면 그때 매수한다. 기업의 내재 가치와 시가총액을 비교하여 시가총액이 저렴할 때 저평가돼 있다고 한다.

내재 가치는 미래 현금흐름을 가정하고 이를 토대로 현재 가치를 계산하여 내재 가치를 평가하는 현금흐름할인법, PER, EV(기업 가치)/EBITDA(이자, 법인세, 유무형 자산 상각비 차감 전 영업이익) 등 여러 지표로 유사 기업들과 비교하거나 평가하는 상대가치평가법 능으로 계산한다. 구체적인 숫자로 결과물이 나와서 명확하지만, 앞으로 어떠하리라는 수많은 가정이 들어간다. 그리고 숫자가 조금이라도 틀어지면 크게 차이가 나기 때문에 내재 가치를 굳이 계산하는 것이 주식 투자에 큰 도움이 될 것이라고 생각하지 않는다.

숫자로 예측하기보단 사람들의 관심이 적으면서도 좋은 비즈니스를 하는 기업들을 살펴보는 것이 낫다. 찰리 멍거는 모두가 IBM 주식에 관심을 가질 때 철도 회사에 투자해 큰 수익을 얻었다. 존 콜리슨과 찰리 멍거의 인터뷰에 따르면, 처음 설립되었을 때 철도 회사는 수년간 노조와 갈등을 겪고, 정부 관료에게 로비를 하는 모습에 투자자들의 외면을 받았다. 하지만 철도는 컨테이너를 통해 여러 제품을 운송할 수 있는 효율적인 수단이다. 노조와의 갈등 등으로 여러 회사가 통폐합되어 산업이 재편되면서 대규모 대륙횡단 철도 회사는 당시 2곳밖에 없었다. 경쟁 강도가 낮아지면서 살아남은 회사들은 자본 효율성이 높아졌고, 지배력 또한 커지며 투자 가치가 올라갔다.

기술의 변화와 발전은 빠르게 일어난다. 그 과정에서 한 순간에 사라진 기업들이 많다. 스마트폰으로의 변화에서 살아남지 못한 휴대전화 회사 노키아처럼 말이다. 그래서 기술의 변화에 민감하지 않은 산업에 투자하는 것도 하나의 방법이다. 우리는 항상 최신 기술에 기민하게 반응하기 어렵기 때문이다. 철도산업은 IT와 같은 산업에 비해 큰 변화가 없다.

치열한 경쟁에서 살아남은 철도 회사 BNSF(Burlington Northern Santa Fe)는 철도산업에서 큰 경제적 해자를 갖고 있다. 사양산업으로 인식되는 철도산업에서 미 대륙을 횡단하는 철도 전용 인프라에 막대한 자본을 투자하기는 어렵기 때문이다. 반면 철도는 그대로지만 추가로 모든 열차의 칸을 2배로 늘리거나 터널의 높이를 높일 수 있다면 수용량을 크게 올릴 수 있다. 적은 비용으로 더 많은 운송량을 만들 수 있다는 것이 큰 장점이다. 워런 버핏과 버크셔해서웨이는 340억 달러에 BNSF를 인수, 9년 만에 배당금만으로 인수자금을 회수했다. 인수 당시 영업이익은 10억 달러였지만 10년 뒤 50억 달러로 크게 증가했다. 이러한 가치 투자는 버크셔해서웨이의 대표적인 방식으로 잘 알려져 있다.

가치 투자는 한 번 투자하면 긴 호흡으로 가기 때문에 시간이 부족한 직장인, 자영업자들에게 잘 맞는다. 단점은 저평가된 산업이나 기업이 언제 오를지 모른다는 것이다. 저평가된 기업에 투자했지만 시장은 정말 오랫동안 정체되어 있을 수 있다. 그래서 오랜 기간 버틸 수 있는 만큼만 투자해야 한다.

직장인과 자영업자에게
적합한 기법

시간이 항상 부족한 직장인이나 자영업자들은 주식 투자에 있어 어떤 전략을 사용해야 할까? 여러 전략을 섞어 상황에 맞게 사용하면 된다. 일단 투자에 쓰는 시간을 최대한 줄여야 하므로 단기 트레이딩은 맞지 않는다. 하지만 주식 가격을 기반으로 하는 RSI를 활용하면 시장이나 종목의 과열 정도를 고려하여 기계적으로 매매할 수 있다.

어떤 종목에 투자해야 할지 모르겠다면 나스닥100이나 S&P500 같은 지수를 추종하는 인덱스펀드에 기계적으로 투자하여 자산을 축적하는 것이 좋다. 추가로 내 기대소득이나 나이를 고려하여 현금 비중을 일정하게 유지하는 전략을 사용할 수 있다. 20대라면 최소 70~80%는 주식에 투자하기를 권한다. S&P500 지수만 하더라도 변동성이 크지만 5~10년 앞을 바라본다면 예적금이나 채권 수익률을 뛰어넘기 때문이다. 미국 주식 시장은 전망이 밝기도 하고 한국에 비해 훨씬 주주 친화적이다. 만약 현금 20%, 주식 80%의 비중을 유지하면서 S&P500 인덱스 펀드에 전부 투자하고 분기마다 한 번씩 리밸런싱해준다고 한다면 이 또한 퀀트 투자의 일종이다. 이렇게 함으로써 자산의 변동성을 낮추어 보다 안정적인 투자를 할 수 있다.

여기서 추가로 수익을 내고 싶다면 특정 종목이나 산업에 투자하면 된다. 어떤 종목이 저평가돼 있다고 생각한다면 그 종목 주가가 떨어질 때마다 인내심을 갖고 오랜 기간 기계적으로 매수할 수 있다. 장기 투자로 아낀 시간은 노동소득을 높이는 데 할애하여 현금흐름을 보다 좋게 만든다. 그래야 장기 투자가 실패해도 다시 일어설 힘이 생기며, 투자에 성공한다면 자산 규모가 커지면서 현금흐름까지 좋아지는 결과를 얻을 수 있다.

여러 매매 기법을 안다면 이런 식으로 내 투자 성향이나 상황에 맞게 투자 전략을 세울 수 있다. 여러 매매 기법에 대해 공부해보는 것은 투자 시야를 넓히고 합리적인 선택을 할 수 있게 해준다. 한두 가지 매매 전략만 안다면 그 전략에만 매몰되어 전략이 가진 장단점을 제대로 파악하지 못해서 매매 실수를 하기 쉬워진다.

충분히 보이지만,
명확히 보이지 않아야 한다

나는 몇 가지 종목에 집중 투자하거나 레버리지 ETF를 활용한다. 자산 중 현금 비중은 적다. 그래서 소득을 끌어올려서 안정성을 높이려고 노력 중이다. 지금은 해외 주식과 의료 중심의 근로소득으로 자산이 이루어져 있으나 추후에는 의료 외의 분야에서도 소득을 창출해내고 싶다. 내 근로소득은 한국의 의료 시장을 기반으로 하는데 국내 의료 시장이 어떻게 변하느냐에 따라 내 기대소득도 많이 달라질 수 있기 때문이다.

현재 국내 시장에서 근로소득을 창출해내고 있으니 굳이 국내 기업에 투자해서 변동성을 키울 필요가 없다고 생각한다. 변동성을 감내할 만큼 국내 시장이 매력적이라고 생각하지도 않는다. 근로소득도 국내에 너무 편중되어 있어 만약 개원을 한다면 해외 환자 유치에 노력하는 등 해외 시장을 중심으로 경영 전략을 세울 것 같다. 꼭 개원이 아니더라도 해외 시장에 관심을 두고 계속 살펴볼 것이다.

나의 해외 주식 포트폴리오는 반도체 중심으로 구성돼 있다. 삼성전자나 SK하이닉스에는 투자하지 않고, 반도체 3배 레버리지 ETF에 집중 투자하고 있다. 근로소득의 대부분이 창출되는 의료 쪽이 아니라 다른 분야에도 투자해서 자산의 안정성을 높이기 위한 것도 반도체에 투자하는 이유 중 하나다. 앞으로 자산의 규모가 커지면 경기에 민감하지 않은 식음료 기업이나 필수소비재 관련 기업들에 투자할 계획이다.

데이터, 숫자들은 재무 안정성 등 기업의 현재 상황을 파악하기는 좋지만 전망을 하기엔 어렵다고 생각한다. 숫자로 나타나지 않는 곳에 투자 기회가 있다. ChatGPT로 인공지능이 투자자들의 관심을 받게 된 것도 예측하지 못했던 일이다. 기존 반도체 전방 시장인 PC나 모바일 쪽은 수요가 지지부진할 때 인공지능 수요가 갑작스럽게 확대되면서 반도체 수요도 예상보다 빠르게 확대됐다.

누구도 그 시기를 예측할 수는 없었지만 인공지능이 추후에 큰 역할을 하리라고 예측할 수는 있었다. 데이터로 나타나진 않지만 어느 정도 예측할 수 있는 분야들을 살펴보면 반도체를 필요로 한다는 것이 공통점이다. 예를 들어 자율주행 분야가 그렇다. 완전 자율주행을 향해서 여러 기술적이고 제도적인 고민들이 이어지고 있다. 만약 자율주행을 가로막는 장애물들이 해결되고 완전 자율주행이 실현된다면 또 다른 큰 시장이 열린다. 일례로 운전하는 대신 차 안에서 많은 일을 할 수 있게 된다. 스마트폰 시장이 급격히 확대된 것처럼 모빌리티 시장은 추후 크게 확대될 수 있다. 자연스럽게 반도체 수요도 확대될 것이다. 물론 그 시기가 정확히 언제일지는 예측 불가다. 하지만 투자자들의 강력한 무기는 시간이다. 기다리면서 투자 금액을 늘려가면 된다.

기존 반도체 전방 시장인 PC나 모바일 시장도 정체될 수는 있어도 역성장하여 크게 위축되리라고 상상하기는 어렵다. 서버 쪽은 인공지능 덕에 크게 확대되고 있다. 로봇, 메타버스, 자율주행, 스마트 팩토리, AR(Augmented Reality), VR(Virtual Reality), IoT, 6G 등 여러 잠재 시장이 기다리고 있다.

데이터를 추적하는 것은 큰 의미가 없다. 데이터가 명확할수록 주식을 제 값에 사고 제 값에 팔 가능성만 커질 뿐이다. 향후 시장이 크게 개화할 가능성이 높거나 전망이 좋은 것이 보이지만, 명확하게 보이지는 않을 것이어야 한다.

단타의
위험한 세계

장기 투자가 어려운 이유

지금까지 주식을 공부하는 방법과 매매 기법에 대해 이야기했지만, 가장 중요한 것은 내가 결정한 투자 방식을 유지하는 것이다. 그것이 산업과 기업을 분석하는 것보다 중요하다. 나 역시 투자 초반에는 오르내리는 주가에 하루에도 몇 번씩 일희일비하면서 일상생활을 망치곤 했다. 그러나 이제는 나의 투자 방식을 믿고 근 3년간 거의 매도 없이 매수만 하고 있다. 주가에 동요되지 않고 일상도 평온히 유지하고 있다.

하지만 장기 투자는 지속하기가 힘들다. 일단 주변의 소음과 유혹이 너무 많다. 무엇보다 하락장이 오고 손실을 겪는 시기를 견뎌내기가 참 힘들다. 아무리 장기 투자를 다짐했어도 모두가 부정적인 이야기를 하는 상황에서 결심은 쉽게 무너진다. 내가 산 종목 빼고 다른 종목들만 계속 오를 때는 내가 내린 매수 결정을 의심하게 된다. 급전이 필요해지기라도 하면 쉽게 팔아버린다. 손 한 번 까딱하면 주식 사고파는 것이야 식은 죽 먹기다.

단기간에 수억 원을 벌었다는 이야기도 종종 들려오니 꼭 장기 투자만 옳은 것인지 의구심이 든다. 장기 투자는 수백, 수천 가지 방식 중 하나일 뿐인데 다른 투자 방법보다 낫다고 확신하기 힘들어진다.

나 역시 그랬다. 투자를 시작할 당시 내 목표는 그저 용돈 벌이가 아니라 삶의 패턴을 바꿔줄 만한 수익, 최소한 100억 원을 버는 것이었다. 그래야 일하고 싶을 때 일하고, 원하는 대로 자유롭게 시간을 쓸 수 있을 것 같았다. 이 목표는 지금도 유효하다.

본과 4학년 시절 경제 공부를 할 때 가장 충격을 받았던 건 나 빼고 모두가 대출을 이용한다는 사실이었다. 국가도 부채를 지고, 회사도 기본적으로 부채를 지면서 매출을 일으킨다. 크게 대출을 일으켜 집을 사는 사람들도 많았다. 내가 투자로 얻을 수익률이 현재 대출 금리보다 높을 것 같았고, 그러면 대출을 크게 일으켜도 좋겠다는 안일한 자신감이 생겼다. 그래서 2020년 2월 초, 모아놓은 돈 0원인 상태에서 마이너스 통장 4,000만 원으로 투자를 했다. 처음부터 미국 주식으로 시작했다. 흔히들 투자하는 삼성전자는 글로벌 시장에서 봤을 때 그리 큰 회사가 아니라고 생각했다. 진짜 1등 우량 기업에 투자하려면 미국 주식을 해야 한다는 생각이 컸다. 그런데 투자 관련 책이나 자료를 찾다 보면 국내 주식에 대한 이야기가 많았기 때문에 국내 주식 투자도 일부 병행하긴 했다.

그런데 2020년 2월 중순부터 나스닥100 지수가 폭락을 시작해 3월까지 이어졌다. 이때 서킷브레이커와 사이드카라는 용어에 대해 알게 되었다. 주가가 급격하게 오르내리길 반복하니 정신을 차리기가 힘들었다. 2월 한 달에만 40% 넘게 손실을 봤다.

다행히 3월 초엔 의사로서 처음 일을 시작했다. 너무나도 바빠서 주식 투자에는 신경 쓸 틈이 없었기 때문에 매도 없이 매수만 했지만 크게 신경 쓰진 않았다. 당시 반도체 ETF, 태양광 관련 ETF, 스타벅스, 전기차, 애플, 구글, 5G 관련 기업들에 투자했는데 잘 모르기 때문에 ETF 위주로 투자했다. 처음부터 정석대로, 지금 내가 책에서 말하는 대로 투자했다. 그러나 코로나19로 인한 폭락장으로 인해 내가 맞다고 생각하는 방식이 크게 손실을 입었다. 주 80시간 이상 일하던 대학병원 인턴생활을 하면서 정말 힘들었는데 그렇게 1년 이상 일해야 벌 수 있는 돈이 허무하게 날아갔다. 너무나도 불안했다.

마음은 점점 더 조급해지고 3월 말엔 나스닥100 지수의 일일 수익률 3배를 추종하는 레버리지 ETF 상품인 TQQQ와 역추종하는

ETF 상품인 SQQQ를 번갈아가면서 매수와 매도를 반복하기도 했다. 2월과 3월에 투자 자금을 크게 늘렸고, 4월과 5월엔 태양광 관련 중국 주식 징코솔라, 미국 수소 관련 중소형주 니콜라부터 ICE 반도체 지수의 하루 수익률 3배를 추종하는 SOXL ETF 등에 투자했다. SOXL ETF 위주로 투자했기 때문에 종합적으로 4,000만 원 이상의 수익을 기록하며 주식 투자의 힘을 체감했다.

월급의 몇 배가 움직이니 하루하루 일하면서 버는 돈이 사소해 보였다. 타이밍만 잘 잡으면 하루에도 월급을 벌 수 있다는 생각에 하루에 수천만 원으로 계속 '단타'를 했다. 그래서 변동성이 큰 주식 위주로만 투자를 했다.

6월부터 업무가 워낙 과중했고 안 그래도 회의적이었던 의사라는 직업에서 빨리 탈출하고 싶었다. 수익을 크게 내고 싶다는 조바심에 은 선물 3배 레버리지 ETF(USLV), 한국 MSCI Korea 지수 3배 레버리지(KORU) 등 온갖 3배 레버리지 ETF를 매수하고 매도하기를 반복했다. 변동성이 큰 주식이나 ETF 위주의 단기 투자를 2020년 말까지 지속했다.

여러 차트 매매 기법에 관한 책과 자료에서 배운 내용들을 적용해 보며 수많은 시행착오를 겪었다. 거래량, 양봉, 음봉 하나하나에 의미를 부여하며 다음 날 주가는 어떨지, 심지어 3분 뒤 주가는 어떨지 등 예측을 시도했다. 거래량 외에 보조 지표 등도 같이 공부했는데 일정 기간의 평균 주가 수준을 알려주는 이동평균선, 장기 이동평균선과 단기 이동평균선 간 차이가 얼마나 큰지 알려주는 MACD, 이동평균선과 주가 간 차이를 알려주는 이격도, RSI 등 그 종류도 참 많았다. 하나하나 적용해보겠다고 희망과 자신감에 가득 차서 매매해보았으나 어느 하나도 제대로 맞는 게 없었다. 각종 보조 지표를 종합해서 보니까 정확도가 더 떨어지는 느낌이었고, 신경 쓸 것도 많았으며 정신이 없었다. 그렇다고 제대로 적용한 것도 아니었다. 결과가 좋지 않으면 또다시 감정에 휩싸여 제대로 적용하지도 않고 매매하기 일쑤였다.

주가가 30배 오르면
일어나는 일

8월에는 코로나19 치료약에 들어가는 주요 성분을 만들 수 있도록 7억 6,500만 달러 규모의 자금을 조달해준다는 뉴스로 이스트먼 코닥의 주가가 2달러에서 60달러까지 치솟았다. 하루이틀 만에 30배 상승이라니, 단기간에 10배의 수익률을 올릴 수 있겠다는 환상에 이때도 불나방처럼 뛰어들었다.

처음엔 주가가 급등하면서 수익을 봤다. 찰나의 순간에 100만 원

6-5 이스트먼 코닥 매매 내역 1

매매일자	종목명	신용구분	매매구분	체결수량	체결단가	체결비용	장부가	종가	실현손익	수익률
2020-07-29	이스트먼 코닥	현금	매수	520	36.66	15.25	36.68	33.2		
2020-07-29	이스트먼 코닥	현금	매수	380	36.66	11.14	36.68	33.2		
2020-07-29	이스트먼 코닥	현금	매수	15	36.66	0.44	36.68	33.2		
2020-07-29	이스트먼 코닥	현금	매수	2	36.66	0.06	36.68	33.2		
2020-07-29	이스트먼 코닥	현금	매수	5	36.66	0.15	36.68	33.2		
2020-07-29	이스트먼 코닥	현금	매수	50	36.66	1.47	36.68	33.2		
2020-07-29	이스트먼 코닥	현금	매수	245	36.66	7.19	36.68	33.2		
2020-07-29	이스트먼 코닥	현금	매도	100	37.46	3.08	36.68	33.2	73.99	2.01
2020-07-29	이스트먼 코닥	현금	매도	100	37.46	3.08	36.68	33.2	73.99	2.01
2020-07-29	이스트먼 코닥	현금	매도	100	37.46	3.08	36.68	33.2	73.99	2.01
2020-07-29	이스트먼 코닥	현금	매도	100	37.46	3.08	36.68	33.2	73.99	2.01
2020-07-29	이스트먼 코닥	현금	매도	100	37.46	3.08	36.68	33.2	73.99	2.01
2020-07-29	이스트먼 코닥	현금	매도	100	37.46	3.08	36.68	33.2	73.99	2.01
2020-07-29	이스트먼 코닥	현금	매도	1	37.46	0.03	36.68	33.2	0.74	2.01
2020-07-29	이스트먼 코닥	현금	매도	100	37.46	3.08	36.68	33.2	73.99	2.01
2020-07-29	이스트먼 코닥	현금	매도	40	37.46	1.23	36.68	33.2	29.59	2.01
2020-07-29	이스트먼 코닥	현금	매도	1	37.46	0.03	36.68	33.2	0.74	2.01
2020-07-29	이스트먼 코닥	현금	매도	4	37.46	0.12	36.68	33.2	2.96	2.01
2020-07-29	이스트먼 코닥	현금	매도	2	37.46	0.06	36.68	33.2	1.48	2.01
2020-07-29	이스트먼 코닥	현금	매도	100	37.46	3.08	36.68	33.2	73.99	2.01
2020-07-29	이스트먼 코닥	현금	매도	369	37.46	11.36	36.68	33.2	273.02	2.01
2020-07-29	이스트먼 코닥	현금	매수	100	39.75	3.18	39.78	33.2		
2020-07-29	이스트먼 코닥	현금	매수	100	39.75	3.18	39.78	33.2		
2020-07-29	이스트먼 코닥	현금	매수	100	39.75	3.18	39.78	33.2		
2020-07-29	이스트먼 코닥	현금	매수	100	39.77	3.18	39.78	33.2		
2020-07-29	이스트먼 코닥	현금	매수	84	39.76	2.67	39.78	33.2		
2020-07-29	이스트먼 코닥	현금	매수	100	39.78	3.18	39.79	33.2		
2020-07-29	이스트먼 코닥	현금	매수	16	39.78	0.15	39.79	33.2		
2020-07-29	이스트먼 코닥	현금	매수	100	39.88	3.19	39.81	33.2		
2020-07-29	이스트먼 코닥	현금	매수	100	39.89	3.19	39.82	33.2		
2020-07-29	이스트먼 코닥	현금	매수	100	39.89	3.19	39.83	33.2		
2020-07-29	이스트먼 코닥	현금	매수	100	39.9	3.19	39.84	33.2		
2020-07-29	이스트먼 코닥	현금	매수	100	39.9	3.19	39.85	33.2		
2020-07-29	이스트먼 코닥	현금	매수	39	39.04	1.22	39.82	33.2		
2020-07-29	이스트먼 코닥	현금	매도	100	40.43	3.32	39.82	33.2	57.01	1.43
2020-07-29	이스트먼 코닥	현금	매도	100	40.42	3.32	39.82	33.2	58.01	1.4
2020-07-29	이스트먼 코닥	현금	매도	100	40.41	3.32	39.82	33.2	55.01	1.38
2020-07-29	이스트먼 코닥	현금	매도	100	40.4	3.32	39.82	33.2	54.51	1.38
2020-07-29	이스트먼 코닥	현금	매도	100	40.4	3.32	39.82	33.2	54.51	1.36
2020-07-29	이스트먼 코닥	현금	매도	100	40.39	3.32	39.82	33.2	53.01	1.33
2020-07-29	이스트먼 코닥	현금	매도	100	40.34	3.32	39.82	33.2	48.01	1.2
2020-07-29	이스트먼 코닥	현금	매도	100	40.33	3.32	39.82	33.2	47.51	1.19
2020-07-29	이스트먼 코닥	현금	매도	20	40.51	0.67	39.82	33.2	12.99	1.63
2020-07-29	이스트먼 코닥	현금	매도	80	40.48	2.66	39.82	33.2	49.6	1.55
2020-07-29	이스트먼 코닥	현금	매도	20	40.48	0.67	39.82	33.2	12.39	1.55
2020-07-29	이스트먼 코닥	현금	매도	80	40.48	2.66	39.82	33.2	49.6	1.55
2020-07-29	이스트먼 코닥	현금	매도	100	40.47	3.33	39.82	33.2	61	1.53
2020-07-29	이스트먼 코닥	현금	매도	39	40.47	1.3	39.82	33.2	23.78	1.53

6-6 이스트먼 코닥 매매 내역 2

매매일자	종목명	신용구분	매매구분	체결수량	체결단가	체결비용	장부가	종가	실현손익	수익률
2020-07-29	이스트먼 코닥	현금	매수	100	39.98	3.2	40.01	33.2		
2020-07-29	이스트먼 코닥	현금	매수	100	39.98	3.2	40.01	33.2		
2020-07-29	이스트먼 코닥	현금	매수	100	39.98	3.2	40.01	33.2		
2020-07-29	이스트먼 코닥	현금	매수	100	39.95	3.2	40	33.2		
2020-07-29	이스트먼 코닥	현금	매수	100	39.97	3.2	40	33.2		
2020-07-29	이스트먼 코닥	현금	매수	100	40	3.2	40	33.2		
2020-07-29	이스트먼 코닥	현금	매수	29	39.95	0.93	40	33.2		
2020-07-29	이스트먼 코닥	현금	매수	500	40	16	40.01	33.2	-4,533.73	-12.58
2020-07-29	이스트먼 코닥	현금	매도	900	35.01	25.9	40.01	33.2	-1,153.58	-12.58
2020-07-29	이스트먼 코닥	현금	매도	229	35.01	6.59	40.01	33.2		
2020-07-29	이스트먼 코닥	현금	매수	400	34.01	10.88	34.03	33.2		
2020-07-29	이스트먼 코닥	현금	매수	400	34.01	10.88	34.03	33.2		
2020-07-29	이스트먼 코닥	현금	매수	465	34.01	12.65	34.03	33.2		
2020-07-29	이스트먼 코닥	현금	매수	16	34.01	0.44	34.03	33.2		
2020-07-29	이스트먼 코닥	현금	매도	200	34.24	5.63	34.03	33.2	34.93	0.51
2020-07-29	이스트먼 코닥	현금	매도	200	34.24	5.63	34.03	33.2	34.93	0.51
2020-07-29	이스트먼 코닥	현금	매도	150	34.24	4.22	34.03	33.2	26.2	0.51
2020-07-29	이스트먼 코닥	현금	매도	300	34.24	8.44	34.03	33.2	52.4	0.51
2020-07-29	이스트먼 코닥	현금	매도	431	34.24	12.13	34.03	33.2	75.27	0.51
2020-07-29	이스트먼 코닥	현금	매수	200	34.3	5.49	34.32	33.2		
2020-07-29	이스트먼 코닥	현금	매수	200	34.3	5.49	34.32	33.2		
2020-07-29	이스트먼 코닥	현금	매수	53	34.3	1.45	34.32	33.2		
2020-07-29	이스트먼 코닥	현금	매수	147	34.3	4.03	34.32	33.2		
2020-07-29	이스트먼 코닥	현금	매수	476	34.3	13.06	34.32	33.2		
2020-07-29	이스트먼 코닥	현금	매도	600	34.47	17	34.32	33.2	68.5	0.33
2020-07-29	이스트먼 코닥	현금	매도	53	34.47	1.5	34.32	33.2	6.05	0.33
2020-07-29	이스트먼 코닥	현금	매도	402	34.47	11.42	34.32	33.2	85.06	0.62
2020-07-29	이스트먼 코닥	현금	매도	221	34.47	6.28	34.32	33.2	47.31	0.62
2020-07-29	이스트먼 코닥	현금	매수	200	35.1	5.62	35.12	33.2		
2020-07-29	이스트먼 코닥	현금	매수	1,056	35.1	29.65	35.12	33.2		
2020-07-29	이스트먼 코닥	현금	매도	200	33.2	5.46	35.12	33.2	-391.08	-5.56
2020-07-29	이스트먼 코닥	현금	매도	100	33.19	2.73	35.12	33.2	-196.54	-5.59
2020-07-29	이스트먼 코닥	현금	매도	200	33.19	5.46	35.12	33.2	-393.08	-5.59
2020-07-29	이스트먼 코닥	현금	매도	200	33.15	5.45	35.12	33.2	-401.07	-5.7
2020-07-29	이스트먼 코닥	현금	매도	100	33.13	2.72	35.12	33.2	-202.53	-5.76
2020-07-29	이스트먼 코닥	현금	매도	300	33.13	8.17	35.12	33.2	-607.6	-5.76
2020-07-29	이스트먼 코닥	현금	매도	100	33.13	2.72	35.12	33.2	-202.53	-5.76
2020-07-29	이스트먼 코닥	현금	매도	56	33.13	1.53	35.12	33.2	-113.42	-5.76

넘게 번 것이다. 그런데 매도를 하고 나니 가격이 더 급격하게 오르는 게 아닌가. 조바심이 났다. 더 많이 벌 수 있었는데 그러지 못해 너무 아쉬웠다. 그래서 다시 매수했다. 주가는 또 계속해서 올랐다. 70

만 원 넘게 수익을 봤다. 조금만 더 하면 몇 분 만에 월급과 맞먹는 돈을 벌 수 있을 것 같았다. 매도를 하니 주가가 내려갔다. 나에게는 단기 투자가 적성에 맞는 것 같았다. 자신감을 얻고 매도하던 가격(40.33~40.48달러)보다 살짝 낮은 가격에서 다시 매수했다.

그러나 매수 이후 주가는 곤두박질쳤다. 순식간에 10% 넘는 손실을 봤다. 170만 원의 수익을 잃고도 더 잃어서 순식간에 500만 원이 사라졌다. 이제 수익이 문제가 아니었다. 손실을 만회해야 했다. 매수와 매도를 반복하는데 손실은 오히려 커져만 갔다. 자괴감이 들었다. 2020년 7월, 나스닥은 6.82% 올랐으나 나는 1,000만 원의 손실을 봤다. 1~2% 정도 수익이 나면 얼른 확정 짓고 싶어서 팔아버리고, 손실이 났을 때는 반등하기를 기다리면서 손실을 회피하다가, 손실폭이 너무 커지면 패닉에 빠져 -5~-10% 구간에서 팔아버리는 일의 반복이었다. 거래를 얼마나 많이 했으면 증권사에서 고맙다고 쌀을 보내줬다.

그나마 잘했던 점은 중간에 정신을 차리고 전량 매도한 후에는 쳐다보지 않았다는 점이다. 손실이 났을 때 회피하고 오르겠지 싶어서 놔뒀거나 손실폭을 회복하겠다고 계속 매매했다면 투자금 전부를 잃을 수도 있었다.

하지만 실수를 한 번에 바로잡긴 쉽지 않다. 또다시 정신을 못 차리고 짧은 기간에 큰 수익을 내고 싶어서 비슷한 실수를 반복했다.

2020년 8월 이후 다시 금융 섹터, 반도체 섹터, 혹은 빅테크 종목 위주로 구성된 3배 레버리지 ETF, 변동성이 큰 여러 중소형 주식에 투자를 이어나갔다. 그러면서 손실은 더더욱 커졌다. 2020년 9월과 10월은 나스닥 지수도 조정을 받는 시기였기 때문에 주가가 하락하는 종목들이 많았다. 그렇게 9~10월에 총 3,000만 원의 손실을 봤다.

나스닥 지수 수익률과 비교해보면 결과는 처참했다. 그냥 처음에 샀던 대로 놔두고 본업에 집중했다면 수익률은 더 좋고 커리어도 챙길 수 있었겠다고 생각하면서 후회했다.

새로운 종목의 발견

나의 일상은 무너져갔다. 근무시간엔 휴대전화 볼 틈도 없이 바빴지만, 미국 주식은 밤 늦게 개장한다. 그나마 쉬는 날에는 체력을 회복해야 하는데 밤 늦게까지 주식을 보느라 수면 부족에 시달렸다. 주식은 내 도피처이자 희망이었다. 크게 손실을 봤지만 주식을 포기할 순 없었다. 실수를 바로잡고 제대로 투자해야겠다고 다짐했다. 그래서 쥐어짜듯 시간을 내어 증권사에서 발행하는 산업 보고서를 읽고 온갖 유튜브와 주식 관련 책을 뒤적였다.

2020년 코로나19 팬데믹 이후로 이 사태의 근본적인 원인은 온실가스 배출로 인한 기후변화라는 인식이 퍼졌다. 코로나19는 2019년 말 중국 우한시에서 처음 발견된 바이러스로 2개월 만에 전 세계로 확산됐다. WHO는 온실가스 배출 등으로 인해 지구의 평균 기온이 1도 올라갈 때마다 감염병은 4.7% 증가한다고 했다. 코로나19 바이러스의 직접적인 원인은 우한 수산물 시장에서 거래된 박쥐로 알려졌다. 지구 온난화로 고온다습한 환경이 늘어나면서 박쥐의 서식지가 넓어지고 종도 늘어나면서 신종 바이러스의 수도 증가했다. 신종 바이러스는 종 간 장벽을 넘어 동물과 사람을 오가며 병을 일으킬 수 있기 때문에 치료제가 따로 없다. 감염 확산을 차단하는 것 외에는 달리 방도가 없는 것이다. 지구 온난화, 온실가스에 대한 경각심이 전 세계적으로 높아지면서 화석연료 발전을 줄이고 재생에너지 발전 비중을 높이자는 세계적 여론이 형성되었고, 관련 투자도 크게 늘어났다.

이러한 트렌드에 맞춰서 관련 기업과 산업에 대한 보고서가 많이 나왔다. 2020년엔 코로나19로 인해 물류에 차질이 생겨 신재생에너지 산업도 타격을 크게 받을 줄 알았으나 금리가 인하되고 미 대통령에 조 바이든이 당선되면서 경기 부양을 위한 신재생에너지 관련 정책들이 여럿 나와 프로젝트가 원활하게 진행되었다. 미국뿐만 아니라 유럽, 아시아 등 전 세계적으로 재생에너지에 대한 관심이 높아졌다. 기업들은 ESG와 관련된 것이라면 무엇이든 하려고 했다.

4년이 지난 지금 신재생에너지 보급률은 점점 더 확장되고 있다. 당시에도 재생에너지 비중은 지속적으로 확대될 것이라 생각했다. 재생에너지의 한 축을 담당하는 태양광에너지는 중국이 점유율 대부분을 차지하고 있었다. 그래서 중국 기업에 투자하기로 결정했다. 태양광 밸류 체인 중에서 패널 완성 업체들보단 태양광 패널 원료인 폴리실리콘 생산 업체들이 경쟁이 덜해 보였고 해자가 있어 보였다. 패널을 만드는 것보다 폴리실리콘 생산 공장을 구축하는 게 자본적으로 진입장벽이 높다고 생각했기 때문이다. 태양광 패널을 만드는 데 큰 기술력이 필요하진 않았다. 중국 폴리실리콘 관련 기업들 중에서도 나스닥에 상장되어 있는 다초 뉴 에너지에 투자를 했다.

중간에 매수와 매도를 반복하긴 했지만, 2020년 말에서 2021년 초가 되어서야 드디어 작은 수익을 확정 짓고자 하는 유혹을 이겨내고 약 60%의 수익률을 기록했다. 2021년 2월엔 투자했던 반도체 3배 레버리지 SOXL ETF까지 수익을 확정 지었다. 2020년 11월부터 2021년 2월까지 1억 원의 수익이 났다. 손실은 짧게, 수익은 길게 내야 한다는 점을 체감하는 순간이었다.

이렇게 투자를 이어나갈 수 있었던 것은 친환경에너지 트렌드, 태양광 산업과 기업에 대한 이해가 어느 정도 있었기 때문이기도 하며, 무작정 차트만 보고 투자하거나 조급함이 들어간 단기 투자는 실패

6-7 다초 뉴 에너지 매매 내역

매매일자	종목명	신용구분	매매구분	체결수량	체결단가	체결비용	장부가	종가	실현손익	수익률
2020-12-14	다초 뉴 에너지 ADR	현금	매도	20	48.3	0.79	39.29	48.31	179.41	22.83
2020-12-14	다초 뉴 에너지 ADR	현금	매도	145	48.3	5.76	39.29	48.31	1,300.69	22.83
2020-12-14	다초 뉴 에너지 ADR	현금	매도	27	48.3	1.07	39.29	48.31	242.2	22.83
2020-12-14	다초 뉴 에너지 ADR	현금	매도	8	48.3	0.32	39.29	48.31	71.76	22.83
2020-12-14	다초 뉴 에너지 ADR	현금	매도	53	48.3	2.1	39.29	48.31	470.13	22.57
2020-12-14	다초 뉴 에너지 ADR	현금	매도	27	48.3	1.07	39.29	48.31	239.5	22.57
2020-12-18	다초 뉴 에너지 ADR	현금	매도	173	62.84	8.94	39.29	58.26	4,065.21	59.8
2020-12-18	다초 뉴 에너지 ADR	현금	매도	236	62.84	12.19	39.29	58.26	5,545.61	59.8
2020-12-18	다초 뉴 에너지 ADR	현금	매도	291	62.84	15.04	39.29	58.26	6,838.01	59.8
2020-12-18	다초 뉴 에너지 ADR	현금	매수	100	62.93	5.03	40.89	58.26		
2020-12-18	다초 뉴 에너지 ADR	현금	매수	100	62.93	5.03	42.28	58.26		
2020-12-18	다초 뉴 에너지 ADR	현금	매수	8	62.93	0.4	42.39	58.26		
2020-12-18	다초 뉴 에너지 ADR	현금	매수	67	62.93	3.37	43.22	58.26		
2020-12-18	다초 뉴 에너지 ADR	현금	매수	100	62.93	5.03	44.35	58.26		
2020-12-18	다초 뉴 에너지 ADR	현금	매수	100	62.93	5.03	45.35	58.26		
2020-12-18	다초 뉴 에너지 ADR	현금	매수	36	62.93	1.81	45.69	58.26		
2020-12-18	다초 뉴 에너지 ADR	현금	매수	100	62.93	5.03	46.56	58.26		
2020-12-18	다초 뉴 에너지 ADR	현금	매수	89	62.93	5.03	47.26	58.26		
2020-12-21	다초 뉴 에너지 ADR	현금	매도	10	61.25	0.51	47.26	61.22	139.36	29.48
2020-12-24	다초 뉴 에너지 ADR	현금	매수	4000	56.54	18.09	48.77	54.77		
2020-12-24	다초 뉴 에너지 ADR	현금	매수	27	56.53	1.22	48.85	54.77		
2020-12-24	다초 뉴 에너지 ADR	현금	매수	1	56.54	0.05	48.85	54.77		
2021-01-05	다초 뉴 에너지 ADR	현금	매도	100	67.55	5.55	48.85	68.8	1,863.47	38.13
2021-01-06	다초 뉴 에너지 ADR	현금	매도	200	72.84	11.98	48.85	73.5	4,784.06	48.95
2021-01-06	다초 뉴 에너지 ADR	현금	매도	100	72.91	6	48.85	73.5	2,399.02	49.1
2021-01-07	다초 뉴 에너지 ADR	현금	매도	30	74.01	1.83	48.85	73.5	752.67	51.34
2021-01-07	다초 뉴 에너지 ADR	현금	매도	200	78.37	12.89	48.85	79.78	5,889.15	60.26
2021-01-07	다초 뉴 에너지 ADR	현금	매수	200	76.75	12.28	511.56	79.78		
2021-01-07	다초 뉴 에너지 ADR	현금	매수	0	76.75	0.49	51.66	79.78		
2021-01-07	다초 뉴 에너지 ADR	현금	매도	4	80.02	0.26	511.56	79.78	113.17	54.77
2021-01-07	다초 뉴 에너지 ADR	현금	매도	126	80.02	8.29	51.66	79.78	3,565.03	54.76
2021-01-07	다초 뉴 에너지 ADR	현금	매도	9	80.02	0.59	511.56	79.78	254.64	54.76
2021-01-07	다초 뉴 에너지 ADR	현금	매도	61	80.02	4.01	51.66	79.78	1,725.93	54.76
2021-01-07	다초 뉴 에너지 ADR	현금	매도	248	79.51	16.21	511.56	79.78	6,890.51	54.78
2021-01-07	다초 뉴 에너지 ADR	현금	매도	124	79.51	8.11	51.66	79.78	3,445.25	54.78
2021-01-07	다초 뉴 에너지 ADR	현금	매도	290	79.51	18.96	511.56	79.78	8,057.45	54.78
2021-01-07	다초 뉴 에너지 ADR	현금	매도	214	79.51	13.99	51.66	79.78	5,945.84	54.78

한다는 사실을 경험을 통해 알게 되었기 때문이다.

그럼에도 불구하고 여전히 단기 투자 유혹에 넘어간 때가 있었지만, 적어도 2020년 10월 말에서 11월 초에 다초 뉴 에너지를 매수한 이후 12월 중순까지는 매매를 한 번도 하지 않았고 2021년 1월 초까지도 매매를 거의 하지 않았다.

나의 매매 빈도는 크게 줄어들었다. 2020년 중반만 하더라도 거의 매일 매매를 했는데 2021년 초반 이후엔 월 1회만 매매할 때도 있었다. 첫 투자부터 지금까지 체결 기준 매매 내역을 엑셀로 뽑아서 쭉 봤더니 2020년~2021년 3월까지 4,000개 행을 차지하고 있었고, 2021년 4~12월이 800개 행을 차지했다. 그리고 2022~2024년 9월까지 매매 내역은 단 200개 행만 차지했다.

정말 수많은 실수를 거듭했음에도 불구하고 2020년엔 손실폭이 커지진 않았다. 그 이후에도 단기 투자를 지속했지만 인버스 투자는 적었기 때문이다. 인버스 투자는 장기간 투자하는 것이 두려워서 사 놓고 조금이라도 손실을 보면 바로 매도해버렸다. 마찬가지로 중소형 주식도 장기 투자를 하기에는 크게 한 번 손실을 보면 빠져나올 수 없을 것 같아서 손실이 어느 정도 나면 두려워서 팔아버렸다.

다초 뉴 에너지를 매도한 이후에도 잘못된 매매 방식을 한동안 지속했다. 애초에 매도 기준이 명확하지 않았다. 수익률 50~60%대에서 수익을 확정 짓기도 했지만, 명확한 기준을 가지고 매도를 진행한 것은 아니었다. 10%대 초반의 작은 수익률로 수익을 확정 짓지 않은 것은 잘한 일이지만, 50%대의 수익률을 봤을 때는 단순히 수익을 확정 짓고 싶어서 매도를 했다. 보유 기간도 3개월밖에 되지 않았기 때문에 장기 투자라고 말할 수는 없다.

매도의 기준을 설정하기란 정말 어려운 것 같다. 지금도 사실 잘 모르겠다. 2021년 1월 매도한 이후 다초 뉴 에너지의 주가는 곧 우하향의 차트를 그렸다. 당시 40~80달러에서 분할 매도했는데, 지금은 주가가 훨씬 떨어졌다. 결론적으로 보면 매도 결과는 좋았다. 하지만 명확한 기준 없이 그저 수익을 확정 짓고 싶다는 이유로 매도했다는 점에선 칭찬받을 일은 못 된다.

매도에는 이유가 있어야 한다

이번에는 여러 시행착오를 통해서 깨달은, '매도는 이럴 때 하는 것이 좋겠다' 하는 생각들을 정리해보겠다.

주식을 매도한 후 생긴 현금은 또다시 운용해야 한다. 현금으로 놔두면 결국 가치가 떨어진다. 그래서 매도를 할 때는 이후 자금 운용 계획이 명확해야 한다. 주식을 매도하는 경우는 다음과 같다. 단, 자산의 대부분이 주식인 경우를 고려한 것이다. 실제로는 주식 외 근로소득, 사업소득, 부동산, 현금, 채권 등 다른 유형의 자산을 종합해서 고려해야 한다.

현금 비중을 늘려야 할 때

① 쌓아둔 현금이 너무 적거나 목돈 들어갈 일이 생겼을 때 매도할 수 있다.

② 대출이 과도할 때 레버리지 비중을 줄이기 위해 매도할 수 있다.

현금흐름을 확대해야 할 때

① 근로소득이나 사업소득 등 현금흐름이 현재 또는 미래 소비 수준 등을 고려했을 때 부족하다는 생각이 든다면, 주식 투자금을 재배치하여 현금흐름 확대를 고려할 수 있다.

② 현재 배당 수익률이 높지 않은 주식에 투자하고 있는 경우 기존 종목들을 매도하고 배당주 비중을 확대하여 현금흐름을 확대할 수 있다.

더 높은 수익률을 추구할 때

① 현재 투자하고 있는 주식의 전망이 좋지 않거나 고평가돼 있다고 느낄 때 매도할 수 있다.

② 저평가됐다고 판단하는 주식의 투자 비중을 확대하기 위해 기존 주식을 매도할 수 있다.

③ 사업을 통해 수익률을 높이기 위해 매도하여 사업 자금으로 쓸
　수 있다.

　앞서 밝혔듯이 나는 근 3년간 거의 매도하지 않고 있다. 미혼이고 소비가 지나치지도 않기 때문에 지금의 현금흐름으로도 충분히 안정적이다. 다만 대출이 살짝 많다고 생각하고 있다. 그래서 월수익의 일정 부분을 주식에 투자하고 나머지로는 대출을 상환 중이다. 추후 내가 투자하고 있는 반도체 3배 레버리지 ETF가 너무 고평가돼 있다고 판단되면 그때 대출과 현금 보유 상황에 따라 매도를 고려해볼 수 있을 것이다.

　최근 인공지능으로 인해 반도체 관련주들이 고평가받는 상황이 나타나고 있지만, 반도체 기존 수요단인 PC나 스마트폰 분야는 수요가 크게 반등하지 못하고 있다. 기존 수요단 사이클까지 크게 올라와서 매출로 숫자가 나타나기 시작하면, 대출 상환을 하거나 개원을 위한 사업 자금을 갚거나, 저평가된 다른 주식에 투자하는 등 여러 선택지를 두고 고민해볼 것이다.

　레버리지를 줄이기 위해 반도체 3배 레버리지 ETF는 추가 매수를 자제하고 있다. 저평가된 다른 주식에 투자 중이고, QQQ와 같은 나스닥100 지수 추종 ETF 투자를 고려 중이다.

아무리 전망이 좋아도
손실이 날 수 있다

이매진 코퍼레이션에
투자한 이유

다초 뉴 에너지 수익을 확정 지은 후 매매 횟수를 많이 줄였지만, 비교적 변동성이 큰 주식 위주로 투자했다. 이미 수익이 많이 난 상태여서 몇 번 실패해도 손실을 감당하기 쉬워 보였다. 끝없이 오른 주식 지수에 비해 내 계좌는 초라했고, 주식 커뮤니티에는 수십억 원을 벌어서 드디어 퇴사를 했다는 글이 종종 올라오곤 했다. 마음이 조급해졌다. 당분간은 2020년 초반의 V자 반등과 같은 기회는 오지 않을 듯해 더 조급했다. 그래서 2021년 초에는 중소형주 위주로 공격적인

6-8 이매진 코퍼레이션 매매 내역

매매일자	종목명	신용구분	매매구분	체결수량	체결단가	체결비용	장부가	종가	실현손익	수익률
2121-02-11	이매진 코퍼레이션	현금	매수	4,700	3.73	14.02	3.73	3.69		
2121-02-11	이매진 코퍼레이션	현금	매수	800	3.73	2.39	3.73	3.69		
2121-02-11	이매진 코퍼레이션	현금	매수	800	3.73	2.39	3.73	3.69		
2121-02-11	이매진 코퍼레이션	현금	매수	8,665	3.73	25.86	3.73	3.69		
2121-02-11	이매진 코퍼레이션	현금	매수	800	3.73	2.39	3.73	3.69		
2121-02-11	이매진 코퍼레이션	현금	매수	100	3.73	0.3	3.73	3.69		
2121-02-11	이매진 코퍼레이션	현금	매수	100	3.73	0.3	3.73	3.69		
2121-02-11	이매진 코퍼레이션	현금	매수	600	3.73	1.79	3.73	3.69		
2121-02-11	이매진 코퍼레이션	현금	매수	100	3.73	0.3	3.73	3.69		
2121-02-11	이매진 코퍼레이션	현금	매수	100	3.73	0.3	3.73	3.69		
2121-02-11	이매진 코퍼레이션	현금	매수	100	3.73	0.3	3.73	3.69		
2121-02-11	이매진 코퍼레이션	현금	매수	100	3.73	0.3	3.73	3.69		
2121-02-11	이매진 코퍼레이션	현금	매수	100	3.73	0.3	3.73	3.69		
2121-02-11	이매진 코퍼레이션	현금	매수	100	3.73	0.3	3.73	3.69		
2121-02-11	이매진 코퍼레이션	현금	매수	100	3.73	0.3	3.73	3.69		
2121-02-11	이매진 코퍼레이션	현금	매수	400	3.73	1.19	3.73	3.69		
2121-02-11	이매진 코퍼레이션	현금	매수	400	3.73	1.19	3.73	3.69		
2121-02-11	이매진 코퍼레이션	현금	매수	100	3.73	0.3	3.73	3.69		
2121-02-11	이매진 코퍼레이션	현금	매수	800	3.73	2.39	3.73	3.69		
2121-02-11	이매진 코퍼레이션	현금	매수	1,300	3.73	3.88	3.73	3.69		
2121-02-11	이매진 코퍼레이션	현금	매수	800	3.73	2.39	3.73	3.69		
2121-02-11	이매진 코퍼레이션	현금	매수	3,900	3.73	11.64	3.73	3.69		
2121-02-11	이매진 코퍼레이션	현금	매수	800	3.73	2.39	3.73	3.69		
2121-02-11	이매진 코퍼레이션	현금	매수	600	3.73	1.79	3.73	3.69		
2121-02-11	이매진 코퍼레이션	현금	매도	800	3.73	2.39	3.73	3.69		
2121-04-16	이매진 코퍼레이션	현금	매도	5,700	2.62	12.02	3.77	2.6	-6,591.53	-30.63
2121-04-16	이매진 코퍼레이션	현금	매도	100	2.62	0.21	3.77	2.6	-115.64	-30.63
2121-04-16	이매진 코퍼레이션	현금	매도	500	2.62	1.05	3.77	2.6	-578.2	-30.63
2121-04-16	이매진 코퍼레이션	현금	매도	400	2.62	0.84	3.77	2.6	-462.56	-30.63
2121-04-16	이매진 코퍼레이션	현금	매도	100	2.62	0.21	3.77	2.6	-115.64	-30.63
2121-04-16	이매진 코퍼레이션	현금	매도	600	2.62	1.27	3.77	2.6	-693.85	-30.63
2121-04-16	이매진 코퍼레이션	현금	매도	100	2.62	0.21	3.77	2.6	-115.64	-30.63
2121-04-16	이매진 코퍼레이션	현금	매도	92	2.62	0.19	3.77	2.6	-106.38	-30.63
2121-04-16	이매진 코퍼레이션	현금	매도	500	2.62	1.05	3.77	2.6	-578.2	-30.63
2121-04-16	이매진 코퍼레이션	현금	매도	100	2.62	0.21	3.77	2.6	-115.64	-30.63
2121-04-16	이매진 코퍼레이션	현금	매도	108	2.62	0.23	3.77	2.6	-124.89	-30.63
2121-04-16	이매진 코퍼레이션	현금	매도	100	2.62	0.21	3.77	2.6	-115.64	-30.63
2121-04-16	이매진 코퍼레이션	현금	매도	192	2.62	0.4	3.77	2.6	-222.02	-30.63
2121-04-16	이매진 코퍼레이션	현금	매도	100	2.62	0.21	3.77	2.6	-115.64	-30.63
2121-04-16	이매진 코퍼레이션	현금	매도	100	2.62	0.21	3.77	2.6	-115.64	-30.63
2121-04-16	이매진 코퍼레이션	현금	매도	408	2.62	0.86	3.77	2.6	-471.81	-30.63
2121-04-16	이매진 코퍼레이션	현금	매도	500	2.62	1.05	3.77	2.6	-578.2	-30.63
2121-04-16	이매진 코퍼레이션	현금	매도	800	2.62	1.69	3.77	2.6	-925.13	-30.63
2121-04-16	이매진 코퍼레이션	현금	매도	200	2.62	0.42	3.77	2.6	-231.28	-30.63
2121-04-16	이매진 코퍼레이션	현금	매도	317	2.62	0.67	3.77	2.6	-366.58	-30.63
2121-04-16	이매진 코퍼레이션	현금	매도	200	2.62	0.42	3.77	2.6	-231.28	-30.63
2121-04-16	이매진 코퍼레이션	현금	매도	100	2.62	0.21	3.77	2.6	-115.64	-30.63
2121-04-16	이매진 코퍼레이션	현금	매도	7,800	2.62	16.39	3.77	2.6	-9,097.99	-30.9
2121-04-16	이매진 코퍼레이션	현금	매도	300	2.62	0.69	3.77	2.6	-349.92	-30.9
2121-04-16	이매진 코퍼레이션	현금	매도	100	2.62	0.21	3.77	2.6	-116.64	-30.9
2121-04-16	이매진 코퍼레이션	현금	매도	100	2.62	0.21	3.77	2.6	-116.64	-30.9

투자를 계속했다. 그중 메타버스 관련 주식인 이매진 코퍼레이션에 크게 투자를 했다.

당시 금리가 급격하게 인하되면서 각종 스타트업들, 재무 상태가 좋지 않은 소기업들까지 주목을 받았다. 사업 지속이 어려운 상태라도 워낙 금리가 낮으니 기업은 대출을 받아 여러 분야의 사업을 시도해볼 수 있었다. 본격적으로 시장이 개화하려면 수년에서 길게는 10년 넘게 걸릴 사업을 주로 하는 회사도 투자자들의 주목을 받았다. 메타버스, 암호화폐, 자율주행 그리고 수소에너지 같은 재생에너지 분야였다. 상용화, 수익화하기엔 기술적 한계나 인프라 부족, 제도적 문제 등이 있었다. 이런 회사들은 매출이 제대로 나올 리 없고, 효율적 운영이 가능하지 않으니 재무 상태는 대부분 좋지 않았다. 하지만 금리 인하로 시장엔 유동성이 넘쳐났기 때문에 소형주들의 주가는 큰 폭으로 오르내렸다. 이매진 코퍼레이션(티커 EMAN)이 그중 하나였는데 메타버스, AR 관련 주식이다.

2020년 이후 격리와 재택근무 등으로 사람들은 집에만 있는 시간이 많아졌다. 자연스럽게 전자기기를 사용하는 빈도가 늘었다. 친구를 직접 만나는 대신 화상 통화로 대화를 하고 회사에서도 온라인으로 미팅을 했다. 이런 상황에서 메타버스가 주목을 받았다. 또 사람들은 화상 통화를 넘어 가상의 공간에서 나만의 아바타로 소통하기를 기대했다. 단순히 게임에서 채팅하는 수준이 아니라, 가상 공간에서 같은 물건을 보며 대화할 수 있고 실제로 몸을 움직여서 탁구나 테니스를 칠 수도 있다. 회사에선 제품을 디자인할 때 가상의 제품을 각자 따로 보지 않아도 된다. 가상 공간에 디자인한 제품을 띄워놓고 회의를 할 수 있다면 보다 효율적으로 제품을 개발할 수 있을 것이다.

예전엔 네트워크 속도도 빠르지 않고 뒷받침할 하드웨어 기술력도 부족했기 때문에 한계가 있었다. 하지만 코로나19 이후 VR·AR 기기가 출현하면서 메타버스라는 새로운 시장에 대한 기대가 커졌다. 게임부터 의료, 은행 업계까지 메타버스 관련 서비스를 제공하기 시작했다.

AR, 즉 증강현실도 메타버스의 일종이라고 볼 수 있는데 현실 세계에 가상의 세계를 덧붙이는 것이다. 내비게이션이나 도로 표지판 경고, 현재 속도 등 운전에 필요한 정보가 운전자 앞 유리에 투영되는 자동차들이 있다. 이런 기술을 HUD(Head Up Display)라고 하는데 이 또한 증강현실의 일종이다. 아직은 여러 기술적 한계가 있지만 안경을 쓰면 가상 세계가 펼쳐지는 미래까지 기대하고 있다. 걸어 다니다가 안경을 쓰기만 하면 키보드와 화면이 보이고, 공중에 수많은 창을 띄울 수 있다. 기존 모니터보다 훨씬 크게 말이다. 안경만 쓰면 영화관 스크린처럼 큰 화면을 볼 수 있고, 공중에서 화면 위치를 조절할 수도 있다.

물론 이렇게 되기까지는 적어도 5~10년은 필요할 것이다. 배터리, 발열, 반도체, 통신, 디스플레이 등 아직 기술의 한계가 크지만 증강현실 시장이 개화하면 스마트폰부터 디스플레이, 게임 등 많은 산업의 구조가 바뀔 만큼 영향력과 잠재력이 큰 분야라고 생각한다.

이매진 코퍼레이션은 스마트 글래스에 들어갈 핵심 부품인 디스플레이, 그중에서도 OLEDoS를 생산하는 기업이다. AR·VR 기기에 들어가는 디스플레이는 현재 LCD가 대부분이다. 하지만 향후에는 OLEDoS가 더 높은 해상도, 더 낮은 전력 소모량 등의 이유로 대세로 자리 잡으리라는 전망이 많았다. 애플의 비전프로 또한 초고해상도 OLEDoS 디스플레이를 장착하고 있었고, 추후 상용화되면 OLEDoS 시장 점유율이 확대될 것으로 기대했다.

OLEDoS는 실리콘 기판 위에 OLED를 증착하는 기술인데, 이매진 코퍼레이션은 기존 OLED보다 전력을 적게 쓰면서 휘도를 높이는 다이렉트 패터닝(direct Patterning) 기술을 보유한 알짜 회사였다. 문제는 내가 투자했던 때가 시장에 유동성이 매우 큰 시기였다는 점이다. 게다가 시장이 개화하기까지는 한참 남았으니 이를 고려해야 했다. 나는 장밋빛 미래만 그렸다.

이런 회사들은 당장은 매출이 별로 없기 때문에 재무 상태를 확인해야 했지만 제대로 확인하지 않고 투자했다. 그나마 이매진 코퍼레이션은 미 국방부와 안정적으로 거래하고 있었다. 그리고 금리가 매우 낮았기 때문에 부채 비율에 따른 재정적인 문제가 당장 발생하진 않았다. 메타버스 테마가 주목받으면서 변동성이 매우 커졌음에도 불구하고 투자한 것 역시 실책이었다. 주가는 하늘 높이 치솟았고, 포모(놓칠지 모른다는 두려움)를 느끼고 추격 매수를 했다. 저평가됐는지 고평가됐는지 고려하지도 않았다.

이매진 코퍼레이션은 AR·VR 기기 회사에 디스플레이를 납품하는 작은 기업인데 거의 100%의 비중을 두고 투자한 것도 매우 잘못된 판단이었다. 아무리 기술력이 좋아도 부품을 공급하는 회사들은 변수가 생길 수 있다. 이매진 코퍼레이션의 기술이 양산성이 증명된 것도 아니라 사실 불확실한 면이 더 많았다.

매매 빈도를 줄이는 데 초점을 맞추었기 때문에 주가 하락을 지켜보면서 2개월간 수많은 생각을 했다. 그렇게 주식으로 번 1억 원을 2개월 만에 모두 잃고 나서야 작은 기업에 과한 비중으로 장기간 투자하는 것은 무리라고 판단하고 거의 전량을 매도했다. 여전히 전망이 밝고 훌륭한 기업이라고 생각했지만, 반등하기까지 오랜 시간이 걸릴 것이라고 판단하고 추후 분할 매수를 하기로 계획했다. 충분히 주식을 모으기 전에 반등한다면 다른 기회를 찾으면 될 터였다. 그럼에도 불구하고 매도하면서 참으로 허탈했다.

1억 원의 수업료를 지불하고 배운 것들

참고로 이매진 코퍼레이션은 2023년 5월에 삼성디스플레이에 2,900억 원이라는 비교적 저렴한 가격에 인수되면서 주식 거래가 중단됐다. 무모한 장기 투자의 위험을 다시 한 번 체감했다. 주가가 오르기까지는 정말 긴 시간이 걸릴 수 있고 그 외에도 많은 위험이 도사리고 있다. 이매진 코퍼레이션처럼 거래가 중단될 수도 있다. 인수, 합병, 사업 구조 개편 등 여러 요인으로 인해 주식의 가치는 언제든지 바뀔 수 있다.

경영이 어려워지면 유상증자로 주주 가치를 훼손시킬 수도 있다. 자금 조달을 위해 주식을 더 발행하는 것인데, 유상증자에 참여하지 않으면 기존 주주들의 지분율은 줄어든다. 새로운 주주를 모집하는 것이기 때문이다. 기존 주주들에게만 새로운 주식을 발행하는 주주 배정 방식이 있고, 주주가 아닌 모든 이들을 대상으로 하는 일반 공모 방식이 있다. 후자는 주가가 하락할 확률이 크다. 그 외 특정 기업이나 단체에만 돈을 받고 주식을 발행하는 제3자 배정 방식이 있다. 제3자가 신뢰도가 높으면 호재가 될 수 있고, 신뢰도가 낮다면 악재로 작용한다.

유상증자 용도에 따라서도 호재나 악재로 작용할 수 있다. 사업이 너무나도 잘되고 있는 상황에서 사업 확장을 위해 유상증자를 한다면 매출이 증가하면서 주주 가치가 커질 수 있으므로 호재로 작용한다. 하지만 불황인 상황에서 부채 상환을 위한 유상증자를 한다면 악재로 작용할 확률이 크다. 자금을 마련할 창구가 별로 없고, 있더라도 조달비용이 높은 방법만 있을 때 유상증자를 통해 부채를 갚는 것이기 때문이다.

기업은 전환사채를 발행하기도 한다. 전환사채는 일반 채권에 주식으로 전환할 수 있는 권리가 추가로 포함된 것이다. 그래서 주가가 충분히 상승하면 권리를 행사하여 매매차익을 기대할 수 있지만, 그게 아니라면 채권과 동일하게 만기에 이자와 함께 상환받을 수 있다. 주가가 상승하면 주식으로 전환할 수 있다는 가능성 자체가 기존 주주들에겐 주식의 희소 가치가 훼손되는 리스크다.

그래서 장기 투자는 쌓아둔 현금이 많고 부채가 적은 기업에 해야한다. 재무 상태가 불량하면 언제든지 주주 가치가 훼손될 수 있다. 특히 시가총액이 작은 기업에서 이런 일들은 비일비재하다. 미국 기업들도 마찬가지다. 사업으로 창출한 수익을 주주에게 환원하는 일은 수익이 충분할 때나 가능한 일이다. 계속적인 사업이 불가능한 기업들은 일단 살아남기 위해 주주들의 가치를 훼손해서라도 자금을 조달해야 한다.

이를테면 나스닥에 상장된 태양광 관련 이스라엘 기업 솔라에지는 2024년 6월 전환사채 발행을 통해 3억 달러의 자금을 조달한다고 발

6-9 코스피와 한국 증시 vs 나스닥과 미국 증시

코스피와 시가총액	나스닥과 시가총액

자료: 삼성증권, 블룸버그

표하면서 주가가 19.31% 급락한 바 있다. 2024년 1월에는 미국 수소 관련 기업 플러그파워가 유상증자를 발표하면서 주가가 11.52% 하락했다. 2023년 12월 미국 수소차, 전기차 관련 기업 니콜라는 유상증자, 전환사채 발행을 발표하면서 주가가 18.57% 급락했다. 2021년 7월 미국 우주관광 기업 버진갤럭틱은 유상증자 계획을 발표하고 주가가 17.30% 떨어졌다.

특히 우리나라에선 주주 가치를 훼손하는 일이 비일비재하게 일어난다. 한국에 장기 투자하기가 꺼려지는 이유다. 업황이 안 좋거나 재무 상태가 불량해서 최후의 수단으로 사용하는 게 아니다. 단순히 효율적인 경영을 하겠다고, 자금 조달 비용이 비교적 저렴하다고 주주 가치를 훼손시킨다.

쪼개기 상장도 문제다. LG화학을 예시로 들 수 있겠다. LG화학은 돈이 되는 핵심 사업부를 별도 회사로 만들어 증시에 상장했다. 바로 LG에너지솔루션이다. 물적분할 후 상장한 것인데, LG에너지솔루션의 주주들이 새로 유입되면서 기존의 LG화학 주주들의 영향력은 약화될 수밖에 없다.

이렇게 지분 가치를 희석시키는 일이 너무 쉽게 일어나기 때문에 한국은 장기 투자를 할 수 있는 환경이 아니다. 코스피 지수와 한국 증시의 시가총액, 나스닥 지수와 미국 증시의 시가총액을 비교해보면 차이가 더 확연하게 보인다. 한국은 코스피 지수에 비해 기업들의 시가총액만 증가하는데, 주가가 오르는 것이 아니라 발행 주식수가 크게 증가하기 때문이다. 반면에 자사주 매입과 소각이 활발한 미국 증시는 나스닥 지수와 시가총액이 같이 오른다. 이것이 한국엔 절대 장기 투자하지 않기로 다짐한 이유다.

과도한 레버리지의
악몽

| 얼마나 투자할지 미리 정해야

2021년 상반기에 이매진 코퍼레이션을 매도한 후, 그 돈의 대부분을 반도체 3배 레버리지 SOXL ETF에 투자했다. 인턴을 마치고 군의관으로 복무하던 시기였다. 당시를 돌이켜보면 나는 자산 운용 과정에서도 문제가 있었다. 과한 레버리지가 문제였다.

이매진 코퍼레이션 투자 전까지는 숱한 실패에도 불구하고 생각보다 큰 손실을 보지 않았다. 2020년 초반 주가가 급락하던 때 투자금을 4,000만 원에서 1억 1,400만 원으로 크게 늘렸기 때문에 2020년 4~5월에 수익이 많이 났기 때문이다.

투자를 시작한 지 2개월도 되지 않았을 때 그렇게 큰 폭으로 레버리지를 늘린 것은 이성적인 판단은 아니었다. 단지 코로나19로 인한 폭락으로 손실이 너무 컸던 것을 감당하기 힘들었을 뿐이다. 지금 생각하면 아찔하다. 이는 악순환으로 가는 지름길이다. 만약 V자 반등을 하지 않고 IT 버블처럼 크게 폭락했다면 어떻게 됐을까. 내가 쌓아놓은 현금이 얼마이고 현금흐름이 어떤지, 그리고 미래의 자금흐름까지 고려해서 주식에 투입할 자금을 먼저 정해야 했다.

2020년 마이너스 통장 금리는 2% 내외였기 때문에 이자비용은 감당 가능했다. 금리가 인상될 가능성은 애써 무시했다. 하지만 인턴 월급이라야 대출액에 비하면 턱없이 부족했고, 인턴이 끝나면 군의관이나 레지던트 수련을 받을 예정이었다. 군의관은 3년, 레지던트는 3~4년이 걸리니 현금흐름이 크게 좋아질 수가 없었다. 레버리지를 이용하겠다는 판단이 틀렸다고 생각하진 않지만, 과도하게 사용했던 것은 생각이 짧았다.

군의관으로 복무하면서 현금흐름은 더욱 악화됐다. 엎친 데 덮친 격으로 2021년 3월 봄이 시작될 때 1억 원의 수익을 올렸던 내 계좌에는 겨울이 찾아왔다. 이매진 코퍼레이션 주가는 폭락했고, 손절하고 나서 투자한 반도체 3배 레버리지 ETF인 SOXL도 폭락했다.

2022년에 사람들은 다시 집 밖으로 나섰다. 코로나19 경제 봉쇄로 침체됐던 유통, 물류가 다시 가동하기 시작했다. 소비재 수요가 급격하게 늘었지만 공급이 따라주지 못해 물가가 크게 올랐다. 사람들이 전자기기만 들여다보다 밖으로 나가기 시작했으니, 전자기기 수요는 크게 줄었고 반도체 사이클도 덩달아 침체됐다. SOXL은 거의 10분의 1로 떨어졌다. 물가 안정을 위해 미국 연방준비위원회는 기준금리를 인상했다. 유동성이 감소하니 주식 시장 또한 침체되면서 손실 폭이 커졌다. 2022년 10월에 수익을 모두 잃고 8,000만 원의 손실까지 났다. 대출금리도 올라 이자비용으로 월급의 25%가 빠져나갔다.

2022년부터 2023년까지, 이자비용만으로 허덕였다. 주가가 하염없이 떨어지는 것을 지켜보는 일 말고는 할 수 있는 게 없었다. 2022년 3월 말부터 9월 초까지는 매매 내역이 단 1건도 없었다. 그렇다고 주식 투자를 포기한 건 아니었다. 논산에서 군복무를 하면서 대전까지 가 주식 스터디를 하고 뉴스와 주가 추이를 보며 계속 관심을 가졌다.

그럼에도 불구하고
투자는 계속된다

2022년 9월 중순부터는 전역 후 현금흐름이 좋아질 것을 고려해 조금씩 매수를 이어나갔다. 2022년 9월부터 2023년 1월까지가 딱 저점이었다. 계좌가 제일 처참하던 시기였다. 하지만 더 이상 크게 잃을 것도 없었고, 손실이 나더라도 전역해서 주 7일씩 일해 갚을 각오로 대출을 조금씩 더 늘려 SOXL을 계속 매수했다.

급격한 금리 인상으로 1980년대 오일쇼크 당시 10년간 미국 증시가 횡보한 것처럼 고금리 기조가 유지되고 미국 증시는 오래도록 침체될 것이라는 전망이 많았다. 거시경제를 예측하는 것은 무의미하기에 이런 잡음들은 신경 쓰지 않았다. 내가 예측하고 통제할 수 없는 부분이었다.

다만 스마트폰에 대해서는 어느 정도 예측이 가능했다. 1~2년에 한 번 스마트폰을 교체하던 사람이 4~5년 이상을 쓰기는 쉽지 않다. 가령 2020년 5월에 스마트폰을 산 사람은 2022년 5월쯤에는 바꾸게 되는데, 경기 침체 등으로 구매가 미뤄지면 2023년, 더 미뤄지면 2024년, 2025년 5월 정도까지일 것이다. 나만 해도 주머니 사정이 빠듯하니 2021년에 스마트폰을 사서 2024년 10월에야 교체를 했다. 2년마다 새로 사던 내가 3년 6개월 넘게 사용한 것이다. 배터리 효율, 발열 등으로 인해 더 이상은 쓰기 어려워졌다. 애플케어로 중간에 리퍼를 받고 배터리 또한 한 번 교환했음에도 말이다.

주가는 선반영하는 경향이 있으니 2023~2024년에는 반등할 것이라고 생각했다. 그 외에도 반등을 예상한 데는 여러 가지 이유가 있었다. 최근 인공지능, 생성형 AI, ChatGPT 등이 주목받고 있다.

인공지능 핵심 반도체 GPU 생산 업체인 엔비디아가 급등하고 인공지능이 점점 고평가되고 있는 것이 느껴진다. 2022년 11월 30일, ChatGPT가 갑작스럽게 출시되면서 벌어진 일이다.

　이처럼 반도체 응용 분야는 잠재력이 큰 시장이 많다. 지금은 인공지능 시장이 본격적으로 수익화의 길을 열었고 이에 따라 반도체도 수혜를 보고 있지만, 그 외에도 잠재력이 큰 시장이 너무 많다. 암호화폐, 메타버스, 자율주행, 스마트 모빌리티, IoT, 로봇 등이다. 모두 반도체가 관여하는 분야다. 과거 생소하던 인터넷이 대중화되고, 이후엔 스마트폰이 대중화되었으며 나중엔 클라우드가 대중화되면서 반도체 시장이 크게 확장됐다. 클라우드 이후로는 인공지능 시장이 커지면서 반도체 시장은 다시 한 번 크게 확장하려는 초입에 있다. 반면 메타버스나 자율주행 시장은 언제 본격적으로 개화될지 예측할 수 없다. 그리고 예측이 어렵다는 한계점은 장기 투자로 극복할 수 있다.

　그런데 여기서 "3배 레버리지 ETF로 수익을 극대화할 수 있는가?"라고 묻는다면, 나는 "닷컴버블급 하락이 오지 않는 한 가능하다"라고 답할 것이다. 반도체 시장이 꾸준히 상승하면 양의 복리로 SOXL ETF의 주가는 훨씬 더 상승한다. 하지만 ETF 운용 수수료가 비싸고, 3배 레버리지 특성상 횡보하면 계속해서 손실을 입는다. 장기 투자 시 평균 기대수익률이 이 모든 한계를 이겨낼 정도로 높다면 투자

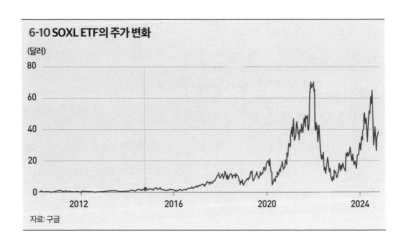

6-10 SOXL ETF의 주가 변화

(달러)

자료: 구글

가치가 있다고 생각한다. 모든 투자 전략은 함수다. 3배 레버리지로 투자를 하든, 운용 수수료가 얼마든, 종목 구성이 어떻게 되든 정말 많은 투자 전략이 있지만 결국 결과는 단 하나의 값으로 귀결된다. 바로 '투자수익률'이다. SOXL ETF의 주가엔 운용 수수료부터 횡보하면 손실을 보는 특성까지 모든 것이 반영된다.

우리가 2014년 10월 10일부터 2024년 10월 8일까지 10년간 투자했다면, 2,873.82% 수익을 보았다. 지금까지 반도체 시장이 지속적으로 확장되면서 SOXL ETF 주가도 꾸준히 상승했다. 여러 한계를 이겨내고 평균 기대수익률이 더 높았기 때문이다. 앞으로도 반도체 시장은 이처럼 지속적으로 확장할 가능성이 높다고 생각해 SOXL ETF를 꾸준히 추가 매수했다. 지금은 SOXL ETF와 함께 다른 주식도 조금씩 매수하면서 대출도 상환하고 있다.

6-11 1년간 주식 매매 내역

매매일자	종목명	신용구분	매매구분	체결수량	체결단가	체결비용	장부가	종가	실현손익	수익률
2023-04-26	디렉시온 반도체 3X ETF	현금	매수	6	13.55	0.07	35.23	13.37		
2023-04-27	디렉시온 반도체 3X ETF	현금	매수	28	12.66	0.28	35.09	13.54		
2023-04-28	디렉시온 반도체 3X ETF	현금	매수	1	13.66	0.01	35.09	14.23		
2023-05-24	디렉시온 반도체 3X ETF	현금	매수	23	15.98	0.3	34.99	16.03		
2023-05-24	디렉시온 반도체 3X ETF	현금	매수	23	16.05	0.3	34.89	16.03		
2023-05-24	디렉시온 반도체 3X ETF	현금	매수	22	15.92	0.28	34.8	16.03		
2023-05-24	디렉시온 반도체 3X ETF	현금	매수	14	15.75	0.18	34.74	16.03		
2023-05-25	디렉시온 반도체 3X ETF	현금	매수	3	18.06	0.04	34.73	19.15		
2023-06-09	코카콜라	현금	매도	12	60.48	0.58	60.52	60.47		
2023-06-15	코카콜라	현금	매도	12	60.89	0.59	60.52	61.23	3.75	0.51
2023-06-15	디렉시온 반도체 3X ETF	현금	매수	1	25.66	0.02	34.73	25.95		
2023-06-15	디렉시온 반도체 3X ETF	현금	매수	29	25.49	0.59	34.67	25.95		
2023-07-11	디렉시온 반도체 3X ETF	현금	매수	7	23.79	0.13	34.66	24.34		
2023-08-02	디렉시온 반도체 3X ETF	현금	매수	16	25.14	0.32	34.62	25.28		
2023-08-02	디렉시온 반도체 3X ETF	현금	매도	13	25.14	0.26	34.6	25.28		
2023-08-03	디렉시온 반도체 3X ETF	현금	매도	1	24.61	0.02	34.59	25.15		
2023-08-03	디렉시온 반도체 3X ETF	현금	매도	30	24.41	0.59	34.53	25.15		
2023-08-09	디렉시온 반도체 3X ETF	현금	매도	2	24.73	0.04	34.53	23.09		
2023-08-10	디렉시온 반도체 3X ETF	현금	매도	1	23.23	0.02	34.52	22.81		
2023-08-11	디렉시온 반도체 3X ETF	현금	매수	1	23.15	0.02	34.52	21.14		
2023-08-11	디렉시온 반도체 3X ETF	현금	매수	23	23.15	0.42	34.47	21.14		
2023-09-26	디렉시온 반도체 3X ETF	현금	매수	7	17.76	0.1	34.44	17.24		
2024-01-03	디렉시온 반도체 3X ETF	현금	매수	1	27.94	0.02	34.44	26.25		
2024-01-03	디렉시온 반도체 3X ETF	현금	매수	8	27.94	0.18	34.43	26.25		
2024-01-04	디렉시온 반도체 3X ETF	현금	매수	57	26.44	1.21	34.33	25.58		
2024-01-10	마이크로소프트	현금	매도	4	376.26	1.2	376.56	382.77		
2024-01-17	마이크로소프트	현금	매도	4	387.45	1.26	376.56	389.47	42.3	2.8
2024-01-17	디렉시온 반도체 3X ETF	현금	매도	57	27.59	1.26	34.25	28.43		
2024-02-13	디렉시온 반도체 3X ETF	현금	매도	40	35.34	1.13	34.26	36.84		
2024-02-20	디렉시온 반도체 3X ETF	현금	매수	1	37.87	0.03	34.26	36.42		
2024-03-14	디렉시온 반도체 3X ETF	현금	매수	16	45.7	0.58	34.3	433.53		
2024-03-19	디렉시온 반도체 3X ETF	현금	매도	1	40.75	0.03	34.3	41.42		
2024-03-26	디렉시온 반도체 3X ETF	현금	매도	3	46.95	0.11	34.31	45.03		
2024-04-10	디렉시온 반도체 3X ETF	현금	매도	16	42.92	0.55	34.34	43.09		
2024-04-11	디렉시온 반도체 3X ETF	현금	매도	1	42.8	0.03	34.34	45.8		
2024-04-17	디렉시온 반도체 3X ETF	현금	매도	50	36.95	1.5	34.34	37.06	128.75	7.49
2024-04-22	디렉시온 반도체 3X ETF	현금	매도	59	31.15	1.27	34.3	32.07		

레버리지 사용의 원칙

나는 인턴 시절 개설한 마이너스 통장을 여전히 쓰고 있다. 제1금융권 외 다른 대출은 받고 있지 않으며, 레버리지를 과하게 사용하지 않기 위해 다음의 원칙을 고수 중이다.

1. 대출액이 나의 연평균 기대소득 이하일 것
2. 월 대출 이자가 내 소득의 20% 이하일 것

원칙은 증시 상황과 자신의 가치관, 투자 성향에 따라 설정하면 된다. 나는 아무리 잃어도 1년 열심히 일하면 다시 일어설 수 있을 만큼을 기준으로 잡았다.

최근에는 소득에 대한 불안이 다소 커져서 근로소득으로 투자하기보단 대출을 갚아나가는 데 초점을 맞추고 있다.

주식 투자,
지치지 않고 할 수 있는 힘

변동성에 익숙해져야 하는 이유

지금까지 무리한 투자를 감행하면서 정말 고생을 많이 했다. 특히 군의관 시절에는 수입도 거의 없는데 이자는 불어나고 자산은 급격히 감소하고 빚만 생겼다. 그럴수록 인생에서 가장 여유로웠던 군의관 시절, 남아도는 시간을 투자 공부에 쏟고 지난 나날을 반성하는 데 썼다.

이제는 변동성에 보다 무덤덤하게 반응한다. 예전에는 1,000만 원이 왔다 갔다 하면 내 연봉과 비교하며 불안한 나날을 보냈다면, 이젠 사이버 머니처럼 느껴진다. 변동성에 민감하게 반응하지 않게 되면서 내가 통제할 수 있는 것과 없는 것을 보다 냉정하게 구분할 수 있게 된 것 같다.

처음에는 변동성이 적은 주식 위주로 투자를 했다. 하지만 꼭 그럴 이유가 있나 싶다. 현재 나스닥100 지수는 S&P500 지수보다 크게 오르고 있고 그중에서도 빅테크 기업들은 신고가를 기록하며 수익 성과가 아주 좋다. 그만큼 변동성도 크지만 긴 시간을 놓고 보면 결국 더 크게 상승해왔다. 앞으로도 빅테크의 여러 기술이 사회의 생산성을 높일 테니 지금 추세는 크게 달라지지 않을 것이라 생각한다.

변동성이 적은 주식은 마음에 평화를 준다. 우리는 변동성에 익숙하지 않다. 자산이 크게 하락하는 상황 자체를 견디지 못한다. 그래서 더 장기 투자를 못한다. 하지만 이게 단순히 심리의 문제인지, 혹은 높은 변동성으로 크게 하락하는 상황이 나에게 실질적으로 타격을 주기 때문인지 분리해서 생각해볼 필요가 있다.

너무 큰 레버리지로 인해 주가 하락이 소득으로 감당이 안 되는 상황이라면 문제가 있다. 그게 아니라 단순히 가격이 하락하는 상황이 심적으로 고통인 것은 다른 문제다. 심리의 문제라면 변동성이 높은 상황에 계속 노출되면서 익숙해질 필요가 있다.

난 주식을 소액으로 시작하는 것은 추천하지 않는다. 시간이 지나면서 자산은 축적될 것이고, 언젠가는 높은 변동성에 익숙해져야 한다. 언젠가는 익숙해져야 할 것, 빠르게 매를 맞는 것이 낫다. 이건 주

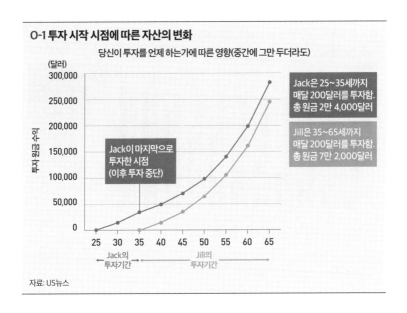

O-1 투자 시작 시점에 따른 자산의 변화

당신이 투자를 언제 하는가에 따른 영향(중간에 그만 두더라도)

(달러)

투자 원금 수익

Jack이 마지막으로
투자한 시점
(이후 투자 중단)

Jack은 25~35세까지
매달 200달러를 투자함.
총 원금 2만 4,000달러

Jill은 35~65세까지
매달 200달러를 투자함.
총 원금 7만 2,000달러

Jack의
투자기간

Jill의
투자기간

자료: US뉴스

식 공부 기간이 길다고 익숙해지는 것이 아니다. 높은 변동성에 익숙해지는 것 자체가 공부다.

S&P500 지수만 하더라도 5~20%까지 하락한 적이 있다. 서브프라임 금융위기 때는 40% 가까이 하락했다. 이렇게 증시가 하락했을 때 내 계좌 잔고가 줄어들어도 이자를 갚는 것이 너무 어려운 수준이 아니라면 버틸 수 있어야 한다. 젊을수록 현금 비중이 적어야 하는 또 하나의 이유다. 젊은 세대는 매월 조금씩 저축해서 자산이 쌓여가는 것에 점점 익숙해진다. 하지만 부동산이든 주식이든 채권이든 자산은 오르기도 하고 떨어지기도 한다. 노동소득에 의존하는 시간이 길어질수록 자본소득에 익숙해지기 어렵다. 게다가 우리의 본

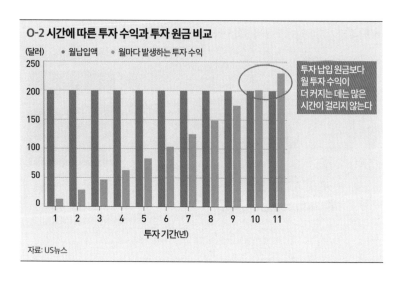

O-2 시간에 따른 투자 수익과 투자 원금 비교

(달러) ● 월납입액 ● 월마다 발생하는 투자 수익

투자 납입 원금보다 월 투자 수익이 더 커지는 데는 많은 시간이 걸리지 않는다

투자 기간(년)

자료: US뉴스

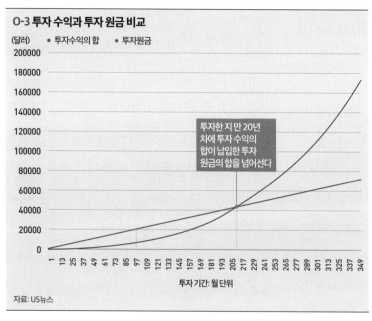

O-3 투자 수익과 투자 원금 비교

(달러) ● 투자수익의 합 ● 투자원금

투자한 지 만 20년 차에 투자 수익의 합이 납입한 투자 원금의 합을 넘어선다

투자 기간: 월단위

자료: US뉴스

능은 수익보다는 손실에 더 민감하게 반응한다. 이런 본능을 거스르고 자본소득에 익숙해지기 위해서는 어릴 때부터 변동성에 노출되는 것이 좋다.

투자에서도 젊음은 가장 강력한 무기

투자자의 가장 큰 무기는 시간이다. 젊을수록 그 무기는 강력하다. 시간이 지날수록 복리의 효과가 커지기 때문이다.

US뉴스의 한 기사에서 미국 S&P 연평균 수익률 9%에서 평균 물가상승률 2%를 제외한 7%를 수익률로 가정했을 때, 자산 증식이 투자 시작 시점에 따라 어떻게 변하는지 구체적으로 서술했다.

잭은 25세부터 35세까지 매달 200달러씩 투자했다. 10년간 2만 4,000달러를 투자한 것이다. 질은 35세부터 65세까지 매달 200달러씩 투자했다. 30년간 7만 2,000달러를 투자했다. 하지만 35세부터 투자했기 때문에 25세부터 투자한 잭을 단 한 순간도 넘어서지 못했다.

투자 원금을 제외하고 투자 수익만을 비교해도 복리의 힘이 압도적으로 느껴진다. 잭이 매월 투자한 200달러의 수익은 처음에는 정말 미미했다. 첫 1년은 14달러, 2년차에는 30달러밖에 되지 않았다. 하지만 11년차부터는 231달러가 되면서 월 투자 수익이 월 투자 금액을 넘어서게 된다.

잭이 10년 이상 투자를 지속해간다면, 20년째엔 투자 수익이 투자 원금을 넘어서고, 이후 투자 수익이 기하급수적으로 증가한다. 바로 복리의 힘이다.

하지만 이런 상황을 실현시키기는 어렵다. 일단 10년간 꾸준히 납입하기란 쉬운 일이 아니다. 한 번 투자한 다음 10년 이상 매도하지 않는 것도 매우 힘들다. 살다 보면 결혼을 하거나, 집을 사거나, 더 넓은 집이나 다른 지역으로 이동하거나, 건강 문제로 의료비를 지출해야 할 때 등 목돈이 필요해지게 마련이다. 게다가 이익을 확정 지으려는 본성을 거스르기도 참 어렵다. 그래서 최대한 빨리 투자를 시작해야 한다. 레버리지를 활용해 투자 원금을 키우고 근로소득을 높여 월 투자액 규모를 키우는 것도 방법이다.

'주식 투자 비중 = 100 - 현재 나이'라는 데 동의한다. 예적금 붓듯이 주식에 투자하면 된다. 평균 매수 단가에 집중하지 말고 주식 수량을 쌓아간다고 생각하자. 꼭 주식이 아니어도 상관없다. 부동산 투자도 좋고 에어비앤비나 유튜브 같은 부업을 시도해도 좋다. 초반에는 시행착오를 겪으면서 예적금보다 수익률이 떨어지고 손실을 볼 수도 있다. 하지만 어릴 때부터 자본을 어떻게 활용해야 할지 고민하다 보면 많은 공부가 될 것이다.

| 우연, 의지, 기질의 기막힌 결과

어떻게 하면 주식 투자를 지치지 않고 꾸준하게 할 수 있을까? 바로 결과에 집착하지 않는 것이다. 필즈상 수상자 허준이 교수의 서울대 졸업식 축사를 인용해본다.

"학위 수여식에 참석할 때 감수해야 할 위험 중 하나가 졸업 축사가 아닌가 합니다. 우연과 의지와 기질이 기막히게 정렬돼서 크게 성공한 사람의 교묘한 자기 자랑을 듣고 말 확률이 있기 때문입니다."

투자의 성공 또한 우연과 의지와 기질이 기막히게 정렬된 결과인 것이다. 우리는 나름의 의지로 투자 성과를 최대화하기 위해 노력하지만, 사실 내가 통제할 수 있는 것은 별로 없다는 사실을 기억하는 것이 오히려 투자를 지속하게 하는 힘이다. 우리는 배의 돛을 틀어 나아갈 방향을 조금 틀 수 있을 뿐, 바람의 방향을 통제할 수는 없다.

지금도 나는 고민하고 배워가는 중이다. 이 책을 읽는 당신은 나와 같은 시행착오를 겪지 않았으면 좋겠지만, 결국 크고 작은 시행착오를 거치면서 깨달아야 하는 것 같다. 부디 안주하지 말고 위험에 뛰어들기를 두려워하지 않았으면 좋겠다. 그와 동시에 최대한 신중하여 시행착오를 덜 겪었으면 좋겠다.

시간·돈·꿈을 잃지 않는 투자법
20대 의사 달물결의 미국 주식 투자

제1판 1쇄 발행 | 2025년 1월 22일
제1판 2쇄 발행 | 2025년 2월 14일

지은이 | 문성민
펴낸이 | 김수언
펴낸곳 | 한국경제신문 한경BP
책임편집 | 윤효진
교정교열 | 김문숙
저작권 | 박정현
홍 보 | 서은실 · 이여진
마케팅 | 김규형 · 박도현
디자인 | 이승욱 · 권석중

주 소 | 서울특별시 중구 청파로 463
기획출판팀 | 02-3604-590, 584
영업마케팅팀 | 02-3604-595, 562   FAX | 02-3604-599
H | http://bp.hankyung.com   E | bp@hankyung.com
F | www.facebook.com/hankyungbp
등 록 | 제 2-315(1967. 5. 15)

ISBN 978-89-475-4993-6 03320